団姫《まるこ》流
お釈迦さま物語

露《つゆ》の団姫《まるこ》

春秋社

まえがき

「テストになると必ずお腹が痛くなる！　どうしよう！」

その日も、小心者の私は母に不安を吐き出していました。中学生のときです。しかし、そこから数年後、私はテスト中にお腹が痛くなることはなくなりました。

それは、落語家になり、お坊さんとなった今でも一緒です。

緊張するとお腹が痛くなる。そんなことは、あの日からなくなったのです。

そう、お釈迦さまと出会ったあの日から…!!

私は、お釈迦さまが大好きです。

一番好きなのはお釈迦さまおススメの『法華経《ほけきょう》』というお経ですが、実は、お釈迦さまの生き方じたいが、〝教え〟そのものだと感じています。

たとえば、私がお釈迦さまの生き方にいちばん救われたのが、冒頭の「テストになるとお腹が痛くなる」という悩みでした。なぜなら、これは本文中でも詳しく述べますが、お釈迦さまの死因は「食あたり」であったといいます。

私ははじめてそのことを知ったとき、「ええ!? お釈迦さまでもお腹が痛くなるの？ ほんなら、私みたいな人間もお腹が痛いときがあって当たり前やん（笑）」と思ったのです。そのときから、緊張するとお腹が痛くなる、ということがなくなったのです。不思議なものですね。

「そんなしょうもない悩みにお釈迦さまのご生涯を引っ張り出してくるな！」とお叱りの声も聞こえてきそうですが、お釈迦さまは私たちのどんな小さな悩みにも、全力で向き合ってくださるお方です。

だから、私は皆さんに、人生の先輩としてのお釈迦さまを知っていただき、そのエピソードから「救い」を見出していただきたいのです。

本書は、そういった目的から、お釈迦さまの生涯を、誕生から入滅まで、わかりやすくまとめました。

申し遅れました。私、今回ご案内役をさせていただきます、露の団姫と申します。現在三十歳。夫と息子との三人家族です。本職は落語家。十八歳で入門し、師匠宅で三年間の住み込み修業を経て、プロの落語家となりました。そして実は、天台宗のお坊さんでもあります。

なぜ、こんな変わった生き方になったのかといいますと、これは、私の小さい頃からの不安にありました。

私は、物心がついた頃から、「人間は死んだらどうなるのだろう」と悩んでいました。魂の行先が気になって仕方がなかったのです。そこで、中学生の頃から宗教に関心を抱くようになり、高校生になるとアルバイトを始め、そのお金で宗教書を買っては読み漁りました。

そこで出会ったのが仏教だったのです。

仏教が好きになり、やがてそれは信仰へと変わっていきました。そしてこのとき、真っ先に、ある感情が芽生えました。それが「この素晴らしい教えを、もっともっといろいろな人に知ってもらいたい！」という熱い想いでした。

近所に美味しいケーキ屋さんができると、ついつい友達に喋りたくなるように、私は

「仏教って、めっちゃええねん！」とたくさんの人に伝えたくなったのです。そこで、お坊さんになって布教をしたいと考えました。

そして、その当時のもう一つの夢が、落語家になることでした。落語好きな両親の影響で落語家になることを夢見ていた私は、どちらになろうか真剣に悩む日々が続きました。しかし、悩んだときこそお釈迦さまの教えです。

お経を紐解いていくと、「この仏の教えを素晴らしいと思った者は、自分の得意分野で広めなさい」とありました。いえ、ありました、というより、私にはお釈迦さまからの「伝言」と感じられました。合点承知の助（古い？）で、「じゃあ、落語家になって、お坊さんになって、落語で仏教を広めます！」と、心のなかでお釈迦さまに誓ったのです。

そこから、私の落語家兼お坊さんとしての歩みが始まりました。現在は、自作の仏教落語やわかりやすい仏教書の執筆に力を注いでいます。

さて、そんな私が皆さまにお贈りする「お釈迦さま物語」。

ビックリ仰天な「ご誕生」から、「エッ!? お釈迦さまでもそんな悩みがあったの？ 私たちと一緒やん！」と思える身近なエピソードまで盛りだくさんですが、これはあくまでもお釈迦さまの「ご生涯」の物語であって、決して「神話」ではありません。私たちが今いるこの地球で、同じように空気を吸われ、その土の上を歩まれた足跡なのです。それは、私たちにさまざまな心持ちを教えてくれます。

私たちは日頃、お釈迦さまのことを「お釈迦さま」とか「釈迦牟尼如来《しゃかむににょらい》」「釈尊《しゃくそん》」「ガウタマ・シッダールタ」「ゴータマ・シッダッタ」「ブッダ」などと呼びますが、「仏さん」と、親しみを込めて呼ばれる方もたくさんいらっしゃいます。

ここで、皆さんにお伝えしておきたいのは、「仏さん」と「神さん」は違うということです。世界には「神さま」と「仏さま」がいますが、お釈迦さまは「仏さま」にあたる方です。そもそも私はこの「神さま」と「仏さま」を比較することを好みませんが、あえて「神さま」と「仏さま」の違いを挙げるとすれば、「お釈迦さまは、もともとは私たちと同じ人間であった」ということがポイントだと思っています。

そしてこれは、私たち仏教徒にとって「大きな希望」に他なりません。

なぜなら、お釈迦さまが人間であったということは、裏を返せば「私たち人間も、頑張ればお釈迦さまのような人になれる」ということなのです！

「お釈迦さまのようになりたい」と願う私たち仏教徒、そして、「きっとなれるよ！　頑張って！」と応援してくださるお釈迦さま。

その「希望」をより実感していただき、日々の実践への活力源としていただくためにも、まずは人間・お釈迦さまを身近に感じていただければと思います。


比叡山延暦寺をひらかれた伝教大師・最澄さまは、「世間離れて仏教なし」といわれました。私たちは、世間のなかにいるからこそ、悩み、苦しみ、そして喜びを知ります。お釈迦さまも、世間のなかで悩み、苦しまれたからこそ、私たちを永遠に導かれる道を選ばれました。その魂は生き続け、お釈迦さまの滅後、二千五百年たった今でも、法の灯は受け継がれています。

この灯さえあれば、どんなにちっぽけな「私」だって、前を向いて歩くことができるのです。

さあ、人生の大・大・大先輩！　お釈迦さまの生き方から、どんどん勇気をもらいましょう！

私たちは、せっかく多くのご縁をいただいて、人間として生まれてきたのですから！

団姫流　お釈迦さま物語……目次

第2章 修行と悟り……33

第5章 涅槃への道……153

団姫流　お釈迦さま物語

第1章

誕生と青年時代

1　お釈迦さまの父と母

お釈迦さまは今から二千五百年前に人の子として、この世に生を受けられました。もちろん皆さまご存知のとおり、お釈迦さまは大変高貴なお方ですから、そのご両親も気高い身分の方でありました。正真正銘のサラブレッドでした。

まずは、お釈迦さまのお父さん。名前をシュッドーダナといい、インドにあった釈迦族という小さな部族の王様でした。カピラヴァストゥという城に住み、国民からの信頼を集めていました。シュッドーダナは、漢訳では浄飯王《じょうぼんのう》とされますが、その由縁は、シュッドーダナという言葉に〝きよらかな白米〟という意味があるからだといわれています。このお名前から、釈迦族は稲作を生業としていたことがうかがえます。

そんな釈迦族の王・シュッドーダナですが、やはり王様といえども人間ですから、私たちのように悩み苦しみもあったでしょうし、王様ゆえの悩みもあったことと思います。

その最たるものが、後継者である息子・お釈迦さまの育成でした。シュッドーダナの父としての務めは、生まれてきたお釈迦さまをとにかく立派な王子に育てること。なぜなら、自分自身の安定した政権と、それを継ぐであろう息子の養育こそ、国家繁栄の揺るぎない要となると強く信じていたからです。だからこそ、熱心にお釈迦さまを育てますが、その期待とプレッシャーは相当なものであったと推測されます。なぜなら、そこには、とある「予言」が関係しているのですが……まあまあ、そう焦らんと。お釈迦さまのお話は、まだ始まったばかりです。

また、お釈迦さまをこの世に産み落とされたのは、シュッドーダナの妻で、マーヤー（摩耶）という名のお妃さまでした。釈迦族の隣国・コーリヤ族の出身。それはそれは美しい女性だったそうです。出産前のマーヤーについてはどの文献も記述は少ないものの、私が昔から気になっているのはそのお名前です。

なぜかって？　だって、お釈迦さまの母が「マーヤー」で、イエス・キリストの母が「マリア」、世界的に子どもは母親を「ママ」と呼び、私たち女性のお坊さんは「アマ」と呼ぶなんて、どれもなんとなーく似ていて、なんだか不思議だと思いませんか♪　これは世界共通のとても神秘的なテーマです。

さあ、そんな二人のもとに、のちの世界を平和へと導くお釈迦さまがやってこられます。私たちの魂の師匠であるお釈迦さま。いったいどんな物語を携えて、この世にお生まれになるのでしょうか？　まずは、マーヤーの夢のなかをのぞいてみましょう！

2　マーヤーの夢

ある夜のことです。マーヤーは不思議な夢を見ました。「六本の牙をもつ白い象」が「右脇腹」から胎内に入っていく夢でした。「白い象」というだけでもナントモ縁起が良い夢のように思えますが、実はここでは「右脇」というキーワードが大変重要になってきます。皆さまもご存知のように、お釈迦さまは母・マーヤーの「右脇」から生まれたともいわれているのです。まず、なぜわざわざ「右」なのでしょうか？

実はインドでは古来より「右」は「神聖」、「左」は「不浄」なものといわれてきました。また、「脇」について考えるには、当時のインドにあった「カースト」と呼ばれる階級制度を知る必要があります。これはバラモン教の影響を色濃く受けている身分制度で、一番上は「バラモン」と呼ばれる宗教者階級、その次がお釈迦さまのような王族・貴族階級の「クシャトリヤ」、三番目は「バイシャ」といわれる商人・農民・職人階級で、一番低い身分は「シュードラ」という奴隷階級でした。

この制度では最高位のバラモンは原人プルシャの「頭」から生まれ、クシャトリヤは「脇」から、バイシャは「腹」で、シュードラは「足」から生まれたと考えられていました。

後に「平等」という人類最大のテーマを声高に叫ぶことになる仏教では、とても考えられない話ではありますが、当時はこの階級制度と思想が当たり前で、これによって苦しむ人も多くいたといわれています。

さて、そんな階級制度のなかで「クシャトリヤ」であったお釈迦さまですから、出生のエピソードに、「脇」という言葉がつきものになっているのではないかと考えられます。

仏教の教えには「神通力《じんずうりき》」などの不思議な力が登場することも多々ありますが、基本的にはとても現実的な教えですから、「右脇腹から象が入っていく夢」や「右脇から生まれた」というエピソードは「奇跡」を示しているわけではなく、その清らかな出生と身分を表すために「右」の「脇」と語り継がれていると考えるほうが自然でしょう。

また、諸説ありますが、妊娠時、母・マーヤーは三十五歳だったといわれています。「三十五歳での出産」というのは、世にいう「高齢出産」です。そんななか産まれてくる新しい命に、「きっとこの子は大きな使命をもって生まれてくるに違いない」とマーヤーは感じたかもしれません。そして、それは母・マーヤーだけでなく、父・シュッドーダナも同じでした。早速、占い師に占わせたところ、「世界を変える英雄誕生の大吉夢!!」という結果が出たのです。胸が高鳴るなか、十月十日が過ぎていきます。

3　一方、その頃、お釈迦さまは…？　天界@神仏会議なう

マーヤーが、胎内に白象《びゃくぞう》が入っていく夢を見たときのことです。その頃、お釈迦さまは兜率天《とそつてん》という天界におられました。

ここで少し、お釈迦さまの前世《ぜんせ》についてお話をいたしましょう。

お釈迦さまは、お釈迦さまとしてお生まれになる前に、さまざまな前世を経験してこられました。そうした前世でたくさんの修行を積まれた結果、兜率天という天界に昇られたのです。兜率天に昇られたのちも、また私たち人間を導くために、「今度は釈迦として人間界に生まれなければ」ということで、「地上にどのタイミングで現れようか」と思案しながら、「そのとき」を待っておられました。

イマドキの言葉でいえば《お釈迦さま@天界にて待機なう》といったところでしょうか。

あるとき、天界で「そのとき」を告げる音楽が聞こえてきました。お釈迦さまはそれを聞くなり、ご自分の宮殿を出て、神仏の集まる場所へ赴き、獅子座につかれました。

獅子座といっても星座のことではありません。これはお釈迦さまの台座のことで、お釈迦さまは「釈迦族の獅子」と呼ばれたことから、お釈迦さまの台座を獅子座というのです。

お釈迦さまが獅子座につかれると、ここで神仏会議が始まりました。

「お釈迦さまを人間界に派遣するなら、人間たちがお釈迦さまの教えを聞くのにちょうどよい時期を選ばなきゃいけないいんじゃない？」

「確かにね…でも世の中がうまくいっているときは、教えに聞く耳をもたないのでは？」

「じゃあ、世の中が荒れているときはどうだろう？」

「世の中が荒れているときは宗教心が芽生える余裕がないような気もするし、難しいね」

…と、神仏たちがこんな会話をしていたかどうかわかりませんが、他にも「お釈迦さまのご両親にふさわしい人は？」「家柄は？」など、その条件を吟味されたようです。

神仏会議の結果、「父親はシュッドーダナ王、母親はマーヤー妃」で見事！可決しました。可決の一報を受けた天女たちは即、視察団となってマーヤー妃を非公式見学に行きました。そこですぐに「この人ならば！」と感嘆の声をもらしたといいます。

シュッドーダナ王とマーヤー妃は、まさかこんなことが天界で起こっているとは露知らずですが、そんなこんなで母に選ばれたマーヤー妃のお腹のなかに、お釈迦さまは満月の夜、入っていったのでした。

4　マーヤーの出産

天界からの「GOサイン」と、マーヤー妃の「受け入れ態勢」が整い、いよいよ妊娠、出産の運びとなりました。

近年は、出産となるとそのパターンは多岐にわたります。たとえば、「産み方」は自然分娩、無痛分娩、帝王切開…と母子の体調に合わせて考えられますし、「場所」は産婦人科や自宅、そして少数派にはなりましたが、里帰り出産もいまだ根強い人気があります。

ちなみに、仏教国として知られるタイでは、現在は帝王切開を選択する女性が約七割といわれています。そして「その日」を決めるのはお医者さんではなく、ナントお坊さんが多いのだそうです。なぜお坊さんかというと、お坊さんに縁起の良い日を見てもらい、手術の日を決めるのだとか。私自身、はじめてこの話を聞いたときは、「なんで手術の日をわざわざ縁起の良い日にするのだろう?」と思いましたが、よくよく考えてみたら、母親にとっての「出産の日」は、子どもにとっての「誕生日」になるわけですから、「お坊さんが誕生日を決める」という、仏教国ならではの信仰と出産の形というわけですね♪

しかし今でこそ、そのようないろいろなパターンの出産ができるようになりましたが、二千五百年前のインドでは、出産といえば自然分娩のみで、臨月に入ると里帰りをして産むという風習がありました。そこでマーヤー妃も臨月に入ると、故郷のコーリヤ国に里帰りをすることになりました。

侍女を連れて移動しているときのことです。王宮の果樹園であるルンビニー園が見えてきました。ルンビニー園は、マーヤー妃がシュッドーダナ王のもとへ嫁ぐ際に休息をした思い出の場所です。そこで少し休んでいくことにしました。

このとき、沙羅の林に囲われたルンビニー園には真紅の無憂樹の花が咲き乱れていました。気持ちのよい自然のなかで沐浴をすませたマーヤー妃。林のなかを散歩するその姿は金色に輝いていたといいます。

なんともいえない清らかな空気のなか、マーヤー妃は無憂樹の枝を手に取りました。すると突然、産気づいたマーヤー妃は、そこでお釈迦さまを産み落とされたのでした。さあ、いよいよ人間界へと生まれてこられたお釈迦さま。その歴史的瞬間はいったいどんな様子だったのでしょうか？　普通の赤ちゃんのように〝オギャー！〟と叫んだのか、はたまた、流行語大賞も裸足で逃げ出すような〝偉大な言葉〟を発せられたのか…⁉

現地の様子をのぞいてみましょう！

5 天上天下唯我独尊《てんじょうてんげゆいがどくそん》

マーヤー妃が産み落とした尊い命。すっくと立ちあがったお釈迦さまは、七歩あるいて右手で天を指し、左手で地を指して「天上天下唯我独尊」といわれたと伝えられています。そもそもインドでは古来より、七は神聖な数字だとされてきました。尊い尊いお釈迦さまですから、やはりそのご誕生にもラッキーナンバーはつきものということですね♪

では、天上天下唯我独尊、この言葉にはいったい、どういう意味があるのでしょうか？

一般的にはお釈迦さまが、「私ほど偉い人間はいない」という意味でいわれたと思われていますが、実はそうではありません。なぜなら、本当に偉い人というのは、自分で「私は偉い」などと、いわないからです。これには諸説ありますが、一つには「過去七仏《しちぶつ》」というお釈迦さま以前の偉い仏さまが、「今度生まれてきたお釈迦さまはスゴイ人ですよ！」と讃嘆する言葉であったといわれています。いわば、先人からの太鼓判ですね。

また、私が好きな説は、「この広い世界のなかで、ただ私たちにしかできない尊い使命がありますよ」という解釈です。ナンバーワンよりオンリーワンをすすめるお釈迦さまが、「皆それぞれに使命があるよ！　だから頑張ろう！」と応援してくださっているように聞こえます。

いずれにしても、初期仏典には「天上天下唯我独尊」という言葉は出て来ないので、お弟子さんや信者さんによる後付けである可能性が高いと思われますが、お釈迦さまの誕生を喜び、讃え、人類に明るい光を与える意味であったことには違いないでしょう。

余談ですが、お釈迦さまがご誕生に際し「天上天下唯我独尊」といわれたこと、また、一般的に赤ちゃんは生まれたときに「オギャー」と泣くということは、私たちがお寺で坐禅を組むときに思い出すとよいエピソードです。というのも、坐禅は呼吸をととのえることから始まりますが、やってしまいがちなのが、息を「吸って吐く」ということ。

本来、息とは「吐いて吸う」ものです。「呼吸」という漢字を書きますね。それはなぜかといえば、「天上天下唯我独尊」も「オギャー」も、まずは息を吐いているからです。

さあ、人類最大の希望が誕生しました！　マーヤー妃お付きの侍女も、思わずその尊さに合掌したといわれる誕生の瞬間。この日、四月八日が今でも私たちがお釈迦さまの誕生をお祝いする「花まつり（灌仏会《かんぶつえ》）」となりました。花まつりには、お釈迦さまの誕生像に甘茶をかけて、「ハッピーバースデー♪　お釈迦さま〜♪」とみんなで歌いましょう！

ええ？　なんだかそれは違うって？　失礼失礼、これは「合掌」ではなく「合唱」でしたネ！

6　命名　ガウタマ・シッダールタ

無事に誕生されたお釈迦さま。大きな喜びに包まれたシュッドーダナ王とマーヤー妃は早速、お釈迦さまに人生最初のプレゼントを贈られました。そう、そのプレゼントとは「名前」です。私たちは日頃、その方を「お釈迦さま」と呼んでいますが、実はこれは本名ではありません。「釈迦牟尼仏《しゃかむにぶつ》」といって、「釈迦族出身の聖者」を表す言葉なのです。世界を代表する美女を「ミス・ユニバース」と呼ぶようなものでしょうか。

では、お釈迦さまの本名とは？　お釈迦さまはお生まれになったとき「シッダールタ」と名づけられました。これには「目標を達成した者」という意味があります。また、シッダールタの前に「ガウタマ」とつけられることも多いのですが、これはいわゆる名字のようなもので、「もっともすぐれた牛」という意味でした。これらはサンスクリット（梵語《ぼんご》）による表記であって、パーリ語では「ゴータマ・シッダッタ」となります。

「お釈迦さまの名字がもっともすぐれた牛って、どういうこと？」と疑問を抱かれる方も多いでしょう。そう、実はお釈迦さまのお生まれになったインドでは、牛は古来より神聖な生き物とされてきました。その証拠に、インド人は詩人の詩を讃えるときに、「まるで牛の鳴き声のようだ」とたとえるのだそうです。日本であれば「なんのこと?」となりそうなものですが、インドではこれが最上の褒め言葉とされています。モ〜驚きですネ!

そのほか、お釈迦さまは「ブッダ」とも呼ばれますが、これは「悟った人」の意味であり、「お釈迦さま」や「釈尊《しゃくそん》」などと同じ、尊称のひとつなのです。

ちなみに私のような落語家は、入門すると師匠から芸名をいただきます。私も露の団姫になってかれこれ十二年。家族からもすっかり「マルコ」と呼ばれています。

また、お坊さんが出家したときに与えられる法名《ほうみよう》には、お経の言葉やその教えに即したもの、また世間を明るく照らす光を思わせるような漢字が使われることが多いようです。私の場合は「春の香りは人々の気持ちを自然と明るくする」ことから「春香(シュンコウ)」という法名をいただきました。

普段は「露の団姫」として活動することが多い私ですが、昨年からマイナンバー制度が施行され、面倒なことにお役所仕事に行かせていただくときには、本名を聞かれる機会が増えました。そんなときは「本名は藤原紀香です」と答える私ですが、こんなことをいうてるうちは、まだまだ「悟り」は遠そうです(笑)。

7　アシタ仙人の予言と涙

お釈迦さまのご誕生に際し、ヒマラヤに住むアシタ仙人がお城にやって来られました。他人の過去と未来を見通すことができるといわれるアシタ仙人。生まれたばかりのお釈迦さまのお顔を見るなり、シュッドーダナ王にこんなことをいわれたのです。

「王よ、この子には二つの道があります。一つは、この国の王様になる道です。そしてもう一つは、出家してお坊さんになる道です。王になれば偉大な帝王に、出家すれば全人類を救うブッダ（悟った人）となりますぞ」

そこで王は尋ねました。

「王となるか、出家をするか…それがわかるのはいつのことでしょうか？」

「二十九歳」――アシタ仙人はいいました。

このとき、アシタ仙人はお釈迦さまのお顔を見ながら涙を流したといいます。不思議に思ったシュッドーダナ王が、「この子の未来に何か悪いことでもあるのでしょうか？」と聞くと、アシタ仙人は答えました。

「いえ、違うのです。私の寿命はあといくばくもありません。なので、この子が将来、悟りをひらいてブッダとなったとき、その教えを聞くことができないのが悲しくて……」

そこでアシタ仙人は、傍にいた弟子・ナーラカに「ナーラカよ、おまえが私の代わりにブッダの教えを聞いておくれ」といわれたのだそうです。

偉大な仙人によって偉大な予言を受けたお釈迦さま。この予言から釈迦族の新たな歩み、いえ、人類の新たな歩みが始まったといっても過言ではないでしょう。

そうそう、実は私が出家をするときも、お世話になっている浄土宗のお坊さんが、「団姫さん、あなたは落語家としてはもちろん、きっとたくさんの人を笑顔にする布教ができる尼さんになりますよ」という、アリガタ〜イ予言（！）をしてくださいました。

そのお言葉に、「恐縮です。でもお上人、そんなことをおっしゃるなんて、まるでアシタ仙人のようですね（笑）」とお返しすると、「アシタ仙人だなんてとんでもない！　でも、私は団姫さんが立派な尼さんになるのを全力でサポートしますので、これからは私のことはアサッテ仙人と呼んでください」。これには思わずドテーっとズッコケてしまいました。

誰もがその教えに耳を傾ける名高い仙人に、「この子の教えを聞けないのが悲しい」とまでいわしめた新しい命。その予言と涙に胸を締め付けられるような思いになったのが、なにを隠そう、父・シュッドーダナ王だったのです。

8　父の不安　転輪聖王《てんりんじょうおう》かブッダか

アシタ仙人の予言――このとき、シュッドーダナ王の頭をよぎったのは、妃の妊娠がわかった際のバラモンによる占いでした。

そう、実はお釈迦さまがお生まれになる九カ月前、シュッドーダナ王はあるバラモンから、「生まれてくる子は、このまま王になれば転輪聖王になるでしょう」と告げられていたのです。

「転輪聖王」とは、あまり聞き慣れない言葉ですが、仏教学者・中村元先生の『広説仏教語大辞典』（東京書籍）によれば、「統治の輪を転ずる聖王の意。インド神話において世界を統一支配する帝王の理想像。世界の政治的支配者。（中略）武力を用いず、ただ正義のみによって全世界を統治する理想的帝王」と記されています。

辞書の続きにはその偉大さ、威徳が詳しく説かれていますが、ここでアレコレ考えてもややこしくなるだけなので、とにかく「転輪聖王」とは「王様のなかの王様」「正義の味方」「世界の真の統治者」と思っていただいたらよいかと思います。

さて、こんなことをバラモンからいわれたら、どんな親も飛び上がるくらい嬉しいものでしょう。しかし、バラモンの占いは続きます。

「王にならず出家したら、そのときは世界を平和へと導くブッダとなるでしょう」

これを聞いたシュッドーダナ王は、「大切な跡取りが出家だなんてとんでもない。立派な王になってもらわねば困る」と一抹の不安を抱いたのでした。

そんなバラモンの占いから九カ月後にお釈迦さまは誕生されたわけですが、ここへきてアシタ仙人からも、「王になれば偉大な帝王に、出家すればブッダに」と同じ予言を受けてしまったのです。

このとき、なんの信心もない人間であれば、「バラモンや仙人も、しょせんは人間。当たるはずがない」とその結果を一蹴することもあったかもしれません。

しかし、シュッドーダナは信仰熱心な王であったからこそ、仙人の予言はきっと当たってしまうであろう、と感じずにはいられなかったと思います。

王にとっての「悪い予感」は現実になるのか、それとも期待どおりの「転輪聖王」になってくれるのか、その運命がわかるといわれた「二十九歳」までの月日が、釈迦族に少しずつ流れはじめたのでした。

9　母の死と継母

お釈迦さまがお生まれになってから七日後のことです。産後の肥立ちが悪かったのか、マーヤー妃がお亡くなりになりました。

とても悲しいことですが、今も昔も出産は子どもが無事に生まれることはもちろん、母親の命も危険にさらされるものなので「母子ともに」という言葉が使われるのだそうです。

それにしても、ここでマーヤー妃が「七日後に亡くなった」と伝えられていることに、私は仏法を語り継いできた先人たちの敬意を感じています。

なぜなら、先にも述べたように、「七」はインドでは神聖な数字ですから、産みの母・マーヤー妃は正真正銘の「聖母」である、ということが、「七日後」という言い伝えによく現れていると思うからです。その証拠に、亡くなられたマーヤー妃は、死後、忉利天《とうりてん》に生まれ変わったとも伝えられています。

マーヤー妃が亡くなられたあと、シュッドーダナ王はマーヤー妃の妹である、マハープラジャーパティーと再婚をしました。つまり、妻がなくなったあと、その義妹と再婚をしたのです。そう聞くと、なんだか「シュッドーダナ王はそんな節操なしだったのか」と思ってしまいそうなものですが、そうではありません。この当時は、妻が亡くなると、その姉妹を後妻に迎える習慣があったのです。当時の結婚がいかに家同士の結婚、一族同士の結婚であったかおわかりいただけるかと思います。そしてこれは二千五百年前のインドに限らず、戦前までは日本でもよくあった話ですから、なにも驚くことではありません。

シュッドーダナ王の後妻となったマハープラジャーパティーは、お釈迦さまの「ママ」となったのです。

ちなみに、このマハープラジャーパティーは、のちにお釈迦さま最初の女性の弟子、つまり仏教界初の「尼僧」となる人ですが、そのお話はまたあとで…。

姉に代わり、お釈迦さまを育てることになったマハープラジャーパティー。

「姉がこの子に注ぎたかったであろう愛情も、私がしっかりと引き継いで育てていかなければ」と、それはそれは意気込んだことでしょう。

だから「産みの母」の想いを受け継ぐ「新しいママ」を「ママ・ハハ」というのでしょうか…！

シュッドーダナ王とマハープラジャーパティーの愛情を受け、お釈迦さまはスクスクと成長していきます。

10　若き日の苦悩

王子として誕生したお釈迦さまは、優秀な家庭教師・ヴィシュヴァーミトラという名の先生から帝王学を学ぶことになりました。

当時の帝王学といえば、思想・宗教はもちろん、天文学や占星術・論理学や数学など多岐にわたるもので、人体解剖の実習まで受けたともいわれています。「神童」とはまさにお釈迦さまのためにある言葉なのでしょうか。シッダールタ少年の知力、記憶力、計算力、推理力は師のそれをはるかに超えて、たった四年ですべての学問を修めてしまいました。

その後、順調に成長したシッダールタは儀式を受け皇太子に。まさに順風満帆！　エリートコースまっしぐらの誰もが認める王子様となったのです。

そんなある日のことです。

五穀豊穣の祈りを捧げる農耕祭が行われるこの日、シッダールタは父・シュッドーダナ王に従い、人生ではじめてお城の外へ出ることになりました。

若き日のお釈迦さまが思い描いていた外の世界とは、どんなものだったのか…私には想像もつきませんが、ここでシッダールタは額に汗して働く農民や、農耕牛の荒い息づかいにショックを受けました。

するとそこで、さらに衝撃的なものを目にすることになります。

「虫」が「鳥」に捕らえられ、その「鳥」が「鷹」に捕らえられてしまったのです。ほんの一瞬の出来事でした。その一瞬の間に起こった「いのちのはかなさ」は、シッダールタに「生」の「苦」を目の当たりにさせたのでした。

そして、この出来事こそが、シッダールタを「苦」と向き合わせる原点となるのでした。ショックを受けたシッダールタは一人でお城へ戻り、木の下で坐禅を組み、瞑想を始めました。心配になって追いかけてきたシュッドーダナ王でしたが、そこで実に不思議な光景に出会います。

そう、そのとき日は西に傾いていたのですが、シッダールタが坐っていた大樹の陰だけが動いていなかったのです。まるで、神々がシッダールタに坐禅をさせるために起こしたかのようなその奇跡に、従者はもちろん、父・シュッドーダナも掌を合わせました。

まっすぐな、いや、まっさらなシッダールタの心に飛び込んできた衝撃的な「現実」。

しかし時を同じくして悩みを抱いたのは、なにもシッダールタだけではなかったのです。

11 王の悩みと大婚活パーティ!?

シッダールタが「いのち」について深く悩むようになった頃から、父・シュッドーダナ王も大きな悩みを抱えるようになりました。

「息子はなぜいつも浮かない顔をしているのか…」

王はシッダールタのために、美味しいものを食べさせたり、美しい女性に相手をさせたり、それればかりか、雨季・乾季・暑季に合わせた三つの宮殿を造らせ、散策のための庭まで用意させましたが、その表情が晴れることはありませんでした。

思案を重ねていたシュッドーダナ王が、あるとき閃きました。

「そうだ！ シッダールタに足りないものは、妃だ！ 結婚すれば、気持ちも変わるのではないか…！」

そこですぐに妃選びに取りかかることになり、早速、広報係が町へ飛び出していきました。

「これから七日間、お城で王子様との大婚活パーティ開催！ 庶民もＯＫ！ しかも今だけ！ 参加賞として、王子様から宝石の首飾りを参加者全員にプレゼント★」

…と、こんな今どきのうたい文句ではなかったでしょうが、広く国民のなかから妃が選ばれることになり、「ミス村娘」から「聡明な女性」まで、ありとあらゆる妃候補がお城へ足を運ぶこととなりました。七日七晩行われた大婚活パーティが最終締め切りをしたあとのことです。ひとりの女性が城を訪ねてきました。

「私はスプラブッダ王の娘・ヤショーダラーです」と名乗るこの女性に、シッダールタは参加賞の首飾りがもうなくなってしまったことを告げました。

すると、何を思ったのか、次の瞬間、「そうだ…」とシッダールタは自分が身に着けていた首飾りをヤショーダラーに渡したのです。

実はこのヤショーダラーは父親にいわれてイヤイヤ王子に会いに来たのですが、すっかりシッダールタの〝お人柄〟に惹かれてしまったのでした。

胸キュン♡な出会いを果たした二人。善は急げ、ということで早速、結婚式といきたいところですが、ヤショーダラーも一国のお姫様ですから、そう簡単にはいきません。

ヤショーダラーの国のしきたりに従い、シッダールタは武術大会に出場し、そこで優勝することができたら結婚できるという条件を提示され、結果、見事、優勝を果たしたシッダールタはヤショーダラーと結婚できることになりました。

12　息子の誕生

運命の人とめでたく結婚したシッダールタでしたが、ここでもう少し、妻・ヤショーダラーについて触れておきましょう。

ヤショーダラーはお釈迦さまの妃となるくらいの方ですから、やはり前世でもお釈迦さまと深いご縁で結ばれていたと伝えられています。

また、その名前のもつ意味は「誉を保つ」とか「誉ある淑女」とされますが、ときには「ゴーピー」とも呼ばれたそうです。

これは「牛飼いの婦人」という意味だそうで、私ははじめてこの意味を知ったとき、「ガウタマ（最も優れた牛）・シッダールタ」の妻が「牛飼いの婦人」とはこれいかに……！と、思わず「旦那を手なづける妻の図」を想像してしまいました。

なんとも俗っぽい想像ですが、もしもお釈迦さまが現代の私たちのように、「妻に手なづけられている夫」であったならば、それはそれで親近感が湧くような気もいたします。

さて、そんなヤショーダラーですが、実はこの名前はインドではよくある名前だそうで、日本でいえば「山田花子」さんぐらいスタンダードな女性の名前と理解してよいようです。

お釈迦さまの妻が一般的によくある女性の名前であった。このことから、学者の先生のなかでは、ヤショーダラーは個性の強い女性ではなく、クセのない、典型的な、しとやかな女性であったのではないかともいわれています。

ヤショーダラーはのちにお釈迦さまの弟子となって、尼僧となりますが、お釈迦さまの妻として特筆すべきは、やはり「出産」といえるでしょう。

シッダールタとヤショーダラーは結婚後、「ラーフラ」という子どもを授かりました。この「ラーフラ」には出生だけでもいろいろな説があって、お釈迦さまが出家する直前に生まれた、という話もあれば、六年もの間、母親の胎内にいたという伝説もあります。

かの老子も母親の胎内に八十年いたと伝えられていますので、偉人と呼ばれる人にはこういうエピソードがつきもののようです。

さて、可愛いわが子に「ラーフラ」と名づけた夫妻でしたが、この名前にはどういう意味があるのでしょうか？　すでにシッダールタやヤショーダラー…と、どの名前にも大変尊い意味があることを述べてきましたので、「さぞ深い意味があるに違いない」と思われる方も多いかもしれません。しかし、その名前のもつ意味は「障碍《しょうげ》」だといわれているのです。（これについては「コラム②」をご覧ください！）

13 四門出遊

王子として生まれ、優れた学問を修め、美しい妻を迎え、わが子の誕生…と、誰もが羨む「幸せ」な人生を送っているはずのシッダールタでしたが、実はここまできても、その心のうちは晴れることなく、いつも「生きることの意味」や「命のはかなさ」について、考えては悩み、落ち込むばかりでした。ここで父・シュッドーダナ王は、シッダールタに気分転換のため、城の外へ出てくることをすすめました。

シッダールタの住むお城には、四つの門がありました。

まずは東の門から出てみると、そこで一人の老人を目にしました。早速、お供に「人は年をとると、あのようになるのか?」と尋ねると、「さようでございます。人は老いることから逃れることはできません」という答えが返ってきました。

「考えたくもない未来」にゾッとしたシッダールタ。今度はもう「嫌なもの」は見たくないと、南の門から出てみることにしました。すると、そこには病で苦しむ人の姿がありました。「…次こそは」と西門から出ると、そこには亡くなった方がいました。

「老」「病」「死」という、知りたくもなかった現実を突きつけられたシッダールタは、絶望的な気持ちになりました。なぜなら、その「苦しみ」は、「目を背ける」ことはできても、生きている以上、「逃れられない」ことだったからです。

最後に北門から出てみると、暗い気持ちの彼の目の前に現れたのは修行者でした。

「あなたはなぜ修行をするのですか？」と尋ねると、その修行者は答えました。

「私は苦しみを乗り越えるために修行しているのです」。

カミナリに打たれたかのような衝撃を受けたシッダールタ。

「私にはこの道しかない」。このとき出家を思い立ったのでした。

人間は「生老病死」の苦しみから逃れることができません。だからこそ、その現実を受け入れ、向き合わなければいけないのです。

以前、「若く美しい姿のままで死にたい」と望む女性から相談を受けました。実は一つだけそれを叶える方法があるので、コッソリ教えました。「若く美しい姿のままで死ぬ方法法ですか？　それは、〝若くして死ぬ〟ことです」。半分冗談、半分本気の私の答えに顔を真っ赤にして帰って行った彼女。でも正直な話、私たち人間は自然の摂理に無理に逆らおうとするから、苦しみが増していく生き物なのです。「生老病死」を受け入れて、アンチエイジングだなんていわず、しっかりとシワを刻んで、長生きしましょうね♪

コラム①…愛馬カンタカ

先日、ママ友と喋っていると、いつものように「うちの旦那がな♡」と微笑ましいラブラブ自慢が始まりました。「そういえば、旦那さんとは、どういったきっかけで?」と聞くと、「いややわ〜♡白馬に乗ってきたに決まってるや〜ん♡」といわれたものですから、これにはたまげました。

昔から「白馬」といえば「王子様」ですが、実は釈迦族の王子であったお釈迦さまも白馬に乗っておられました。この馬の名前は「カンタカ」。お釈迦さまがお生まれになったのと同じ日に生まれた馬なので、「この馬はお釈迦さまの馬にしよう!」となったのだそうです。

そんなわけでお釈迦さまとカンタカは生まれてからずーっと一緒に育ちました。

後に悟りをひらかれたお釈迦さまの説法は、たくさんの動物たちも聞きにきたといわれておりますが、カンタカと幼い頃から共に育ったお釈迦さまだからこそ、人間のみならず、「すべての大切ないのち」に響き渡る説法をされたかもしれません。

同じ日に生まれ、お釈迦さまが出家するその日までお供をした愛馬カンタカ。

もしかすると、お釈迦さまに「一番の親友は？」とインタビューをしたら、「カンタカ」とお答えになるかもしれません。

「失礼な！　お釈迦さまの友達が馬だなんて！」ですって？

いえいえ、昔からいうでしょう？　これがホンマの「竹馬の友」というやつです。

コラム②…わが子に「障碍」と名づけるなんて、どーゆーコト!?

お釈迦さまがわが子に「ラーフラ（障碍）」と名づけたこと——これは長いあいだ仏教界で物議をかもしてきたテーマでした。しかし、私はこの言葉は「邪魔者」といった意味をもつのではなく、「愛するゆえの悩み」というニュアンスであると感じています。

先日、二歳半になる息子をベビーカーに乗せ、近所の公園へ行きました。目的は息子とのやわらかな時間ですが、私は母親であると同時にお坊さんですから、「地域の見守り係」でもあります。だから、公園では常に「不審者はいないか」「困っている子どもはいないか」と、目を配るようにしています。

この日、私は中学生五人組の男の子がタバコを吸っている姿を見つけました。早速、「注意しよう！」と近寄りましたが、気づけば、私の手はベビーカーを押しています。「私がタバコを注意して、もしもこの中学生たちが逆上したら…息子が殴られるかもしれない」。そう思うと、「私ひとりの体なら絶対に注意するのに、可愛いわが子のことを考えると…」と、すぐに行動に移れず、歯がゆさだけが残ったのでした。

愛する人、守る人がいると、お坊さんとしての活動にどうしてもセーブがかかってしまいます。お釈迦さまはそんな思いもあって、「修行の妨げとなってしまうほど、息子の存在は愛おしい」――こういいたかったのではないでしょうか。

第2章

修行と悟り

14 出家

「修行の道に入り、苦を乗り越えられる境地に至りたい」

そう強く願ったシッダールタはある夜、愛馬カンタカに乗って城を抜け出しました。実に二十九歳のときであったといいます。愛する家族を、そして一族を捨てての出家でした。そのときの父・シュッドーダナ王の胸中はいかばかりであったか…そう、長年心配してきた「王になるか、出家するか…」という、アノ占いが現実になってしまったのです。

しかし、のちにお釈迦さまと呼ばれることになるシッダールタは、自分が釈迦族の王となって一族が繁栄する「一部の人間の幸せ」（お釈迦さまのグローバルな視点基準！）よりも、生きとし生けるもの「すべての命が幸せになる道」を選んだにすぎないのです。

とはいえ、この「出家」が後の世を変えることになるとは、そのとき誰にも想像はできなかったでしょう。

それにしても、二十九歳といえば、いわゆる〝男盛り〟です。「そんな楽しい時期に出家するなんて…」とも思ってしまいますが、仏典によると、お釈迦さまはお弟子さんに対し、「当時、私には漆黒の髪があり、青春も満喫していたが、両親が涙するなか家を出て、髪を落とし、髭を剃り落とし、出家した」と語られているようです。

ちなみに、お坊さんの「剃髪」にはいろいろな意味がありますが、基本的には「髪＝欲の象徴」という考えがあるため、欲を捨てる覚悟として髪の毛を剃るといわれています。

反対を押し切っての出家でしたが、一説には、当時のインドでは「跡継ぎができたら出家してもよい」という風習があったといいますから、異母兄弟の存在や、息子・ラーフラの誕生を受けて出家した可能性もありますが、やはり釈迦族一同が大手を振って、「いってらっしゃい」をしたわけではなさそうです。

また、同じく当時のインドでは、妻子がある場合、その扶養義務を放棄して出家することはできなかったようで、財産分与を行い、残された妻子が生活に困らないのであれば出家してもよい、といわれていたそうです。

いずれにしても、「出家」にまつわる社会的ルールがいくつもあったということは、その当時の人々も、「プチ修行」が大好きな私たち現代人のように、「出家」に対する憧れを抱く人が数多くいた、ということがよくわかります。

ツルツル頭になって、「カミよりもホトケの道」を選んだシッダールタ。まず向かった先は最大の国「マガダ国」の首都・王舎城《おうしゃじょう》でした。

15 マガダ国とビンビサーラ王

出家したシッダールタは、当時、巨大な軍事力を誇っていたマガダ国へと向かいました。その頃のインドには、はじめ十六の大国がありましたが、戦《いくさ》によって次第に統合され、結果、四つの大国ができていきました。マガダ国はその四大国のひとつだったのです。

ある日のことです。マガダ国の首都・王舎城でシッダールタは托鉢《たくはつ》をしていました。そこを通りかかったのが、マガダ国の王・ビンビサーラでした。

王はシッダールタのその高貴なオーラに思わず目を奪われ、従者に「あの修行者はいったい誰だ?」と聞いたのでした。早速、従者は答えました。

「あの方は、ガウタマ・シッダールタという修行者です。最近、このあたりで托鉢をしているようで、パーンダヴァ山の洞窟に住んでいます」

思い立ったが吉日! ビンビサーラ王は早速、パーンダヴァ山の洞窟へ向かい、シッダールタに会いに行きました。そこで王はシッダールタに頼みました。

「私はあなたに並々ならぬ威厳を感じました。どうか、お坊さんをやめて、私の国で指導者をしていただけませんでしょうか? もちろん、そうしていただいた際には財産、名誉、どんなものでもあなたの望むように差し上げます」

突然の「専属」依頼。ここで、ニセモノの修行者であれば、それらしい顔で「そこまでおっしゃるのなら…」と重い腰を上げるフリをして、内心ではガッツポーズをしていたところでしょう。

しかし、お釈迦さまは真の修行者です。財産や名誉など、いらないどころか、それを捨ててまで出家をされた身です。

その申し出に、「私が得たいものは財産や名誉ではありません。みんなが幸せになれる道、悟りなのです」とキッパリ断られたのでした。

そして、ここで無理に取りすがろうとしなかったのが、さすがビンビサーラ王です。

「そうですか…。それは誠に残念ですが、あなたなら必ず悟りを得られるでしょう。どうか、その暁には私にその教えを説いてください」と洞窟をあとにしたのでした。

真の修行者・シッダールタと、若き王・ビンビサーラ。

この出会いは、その後、王とその妃を待ち受ける「悲劇」にも、大いなる救いをもたらすことになるのでした。

16　二人の仙人

この当時、シッダールタは「師」を求めて旅をしていました。そう、昔からどんな世界にも「先生」は必要で、先人の教えは「反面教師」も含め、必ず勉強になるものです。

シッダールタは、王舎城の郊外で教えを説いていた二人の仙人のもとを訪ねました。

そこでまずは、「アーラーダ・カーラーマ」仙人という、弟子を三百人ももつ禅定《ぜんじょう》の大家を師とすることに決めました。

仙人からは、「私が体得した無の境地に至るには、三十年、いや、五十年かかる」といわれましたが、シッダールタは修行に励むことにしました。

しかし数日後、シッダールタは師にこう告げたのです。

「師よ、私は師の境地に到りました」

驚く仙人でしたが、そのシッダールタの瞳には偽らざるものがありました。ここで仙人はシッダールタを自分の後継者に任命しようとしましたが、シッダールタの求める「悟り」は師の説く「無の境地」とは違うものであったため、その申し出を断りました。

そう、シッダールタは、「禅を組んでいる間は無の境地になれるが、足を組み解いてしまえば現実の悩み苦しみに引き戻されてしまう。これでは、なんの救いにもならない」と感じていたのでした。

そこでシッダールタは、もう一人の仙人「ウドラカ・ラーマプトラ」の門をたたきました。この仙人もアーラーダ仙人に劣らず、弟子を七百人もつという人物でしたが、シッダールタはこの仙人の教えにも納得がいかず、その師の教えは「自己満足でしかない」と一刀両断にしたのでした。

シッダールタは、決して師を馬鹿にするような傲慢な気持ちではなく、敬意を払いながらその教えを乞いに行ったはずでしたが、どちらの仙人も結局、「ホンマもん」ではなかったようで、これにはさぞガッカリしたことと思います。

「人生は出会いで変わる」ともいいますが、なかなか素晴らしい師に出会うことができなかったシッダールタ。自分の修行は今後いったいどのように行えばよいのか悩みました。

でも、ぶっちゃけた話を申しますと、実は私、このエピソード、そして仙人たちの弟子の数を聞いたとき、すでに「これはホンマもんの仙人ではないな」と気づいていました。

なぜかって？ 正真正銘の「仙人」なら、弟子はきっと「千人」いたはずですからね（笑）。またまた冗談で、失礼いたしました☆

17　六年間の苦行

二人の仙人のもとを離れたシッダールタは、インドに古くから伝わる苦行をしてみようと思い立ちました。そこで、王舎城から七十キロ離れたウルヴィルヴァーという地へ向かったのです。苦行をするための移動ですが、私のようなヘナチョコなお坊さんにしてみれば、七十キロ歩くということ自体がすでに「苦行」ですね。しかし、志の高いシッダールタはそのようなことは微塵も感じず足を進めていきました。

しばらくすると、セーナーという村に辿り着きました。ここにはナイランジャナー（尼《に》蓮禅河《れんぜんが》）という川が流れ、そばには大きな林がありました。シッダールタはここを己の修行の場と定めましたが、ここでは他にも多くの修行者が解脱を求め苦行に励んでいたのです。修行をしていると、自然と五人の仲間ができました。ここで一人が提案します。

「せっかくの六人グループになったのだから、お互いに支え合おう。修行は厳しい。脱落者が出ないように、誰か一人がくじけそうになったら、他の五人で袋叩きにするというのはどうだ？」

ちょっと荒い提案でしたが、シッダールタは受け入れました。その後、それぞれの修行者は、水のなかに潜り続けたり、熱い火に耐えたり、石の下に敷かれてみたり、体に針を刺してみたり、ときには嫁にきつーく叱られたり…と、あ！これは私の夫の苦行でした。…とにかく、とても人間業ではないさまざまな苦行をこなしていきました。

あるとき、シッダールタは地中に籠る苦行を徹底的にやってみせました。その姿に感銘を受けた五人の仲間たち。早速、シッダールタを師としたいと願うようになりました。しかしシッダールタは、苦行は自分でやるほかないと、その申し出を断ってしまったのです。

このとき、シッダールタは信じていました。「〝死〟の恐怖を乗り越えるためには、弱い心を苦行で鍛えるしかない。だから苦行を続けるほかないのだ…」と。

その後、苦行は六年にも及んだといわれます。

さて、ここで話は少しそれますが、シッダールタは修行の場を自ら定めました。これは現代の私たちにも通じる教えです。というのも、仏教では修行道場でお経を読んだり坐禅を組むだけが「修行」ではなく、自分の置かれた家庭や仕事場といった日常生活こそが、「修行の場」であるといわれているのです。林を修行場に選んだシッダールタを見習って、自分の修行場はどこなのか、自分がいちばん成長できる相手は誰なのか、今一度、家庭や仕事といった身近な修行の場を見直してみたいものですね♪

18　苦行から得た〝悟り〟

苦行といわれる苦行にトコトン打ち込んだシッダールタ。

あるとき、最も過酷とされる「断食行」に挑むことになりました。食欲は人間の三大欲求のひとつです。そして実際のところ、食べ物をとらなければ、ヒトの体は衰弱し、死んでしまいます。

シッダールタの断食は、一週間、二週間、一カ月…と続き、ついには二カ月を越えました。もうこの頃には、骨と皮だけのガリガリの姿になっていました。そう、肉の下に骨が見える、というよりも、骨に肉が付いている、という表現のほうがしっくりくるぐらいの有様でした。五人の仲間たちはいよいよその身を案じるようになり、シッダールタの様子を見に行きました。

すると、木の下に坐っているはずのシッダールタがいません。

探しに行くと、川で横たわる姿を見つけました。早速、「急にどうしたんだ?」「まさか修行を投げ出すのか?」「それとも、悟ったのか?」と口々に聞く仲間たち。

それに対し、シッダールタは告げました。

「そのとおり。私は悟ったのだ」

シッダールタが悟った。そうなれば、その悟りとはいったいどんなものなのか、仲間たちは知りたくて仕方がありません。するとシッダールタは続けました。

「私は悟った。そう、苦行では悟りを得られないということを悟ったのだ」

グループ期待の星・シッダールタのその言葉に、仲間たちは驚き、焦りました。

「つ、つまりそれは坐禅をやめて、他の苦行をするということだよ、な？　な？」

なぜこんなにも焦ったのでしょうか。

それは、自分たちが目標とするシッダールタが「苦行」を否定したのでは、この先、自分たちはどう生きて行けばいいのか、身の振りようがわからなくなってしまうからでした。

しかし、仲間の淡い期待を裏切り、シッダールタは「いかなる苦行にも意味がない」といい切り、こともあろうか「苦行をやめる」と宣言したのです。

この言葉に仲間たちは落胆しました。そして、「もうこんなところでやっていられるか」といわんばかりに、苦行林をあとにしていったのでした。

一緒に修行に励んだ仲間との別れ。その決別の場に、実はもうひとり、村娘が立ちあっていたのです。

19　菩提樹の下での瞑想と誘惑

五人の仲間と別れたシッダールタは、ひとり菩提樹のもとで坐禅を組み、瞑想をすることにしました。

「ブッダガヤー」と呼ばれるその地で、シッダールタが心に強く誓ったこと─それは「ここで必ず悟りをひらいてみせる。それまでは決してここを立ちはしない」という、確固たる「悟りを求める心」でした。

しかし、そんなシッダールタの高い志に危機感を感じたのが、魔界の王です。

魔王としては、シッダールタが悟りをひらき、世の中が「悪」から「善」の方向へ向かうことは、好物を取り上げられることと同じです。早速、坐禅をやめさせるため、あの手この手を考えました。

最初に派遣されたのは、魔王の息子。

「魔王ジュニア」はそれらしい顔でシッダールタに近づき、ささやきました。

「この世はしょせん、はかないもの。無駄なことはやめようではないか。永遠の安楽など存在しないのだ。お前が悟りなどという、くだらないものを求めるのをやめるのであれば、財産、名誉、権力、なんでも好きなように与えよう」

しかし、財産、名誉、権力といった欲への執着からすでに離れているシッダールタは、決してそれに惑わされることはありませんでした。

それならば…！と、次に魔王が派遣したのは、娘たちです。

三人娘はお色気ムンムンでシッダールタにモーションをかけましたが、やはり、これも通用することはありませんでした。

「ぐぬぬぬ…こうなったら、このワシが…！」

こうして出てきたのが、ラスボス・魔王です。「悟るまではここを動かない」というシッダールタに、「なーにを小癪《こしゃく》な！」といわんばかりの勢い。

魔王はその魔力をもって、シッダールタに恐怖の幻を見せることにしたのです。

次々とシッダールタを襲うその幻は、3D《スリー》、いえ4D《フォー》をも超える勢いでした。地震、雷、火事、オヤジ（？）…はいなかったでしょうが、常人であれば飛んで逃げるようなものばかり。しかし、このようなものにすら動じないシッダールタに、ついに魔王も観念し、一同退散していったのでした。

魔を打ち破った末に、シッダールタが得たもの。それが「悟り」でした。

20 悟りと梵天《ぼんてん》

二十九歳で出家し、六年間の苦行を経て三十五歳となっていたシッダールタ。ついに菩提樹の下で悟り、「ブッダ（悟った人）」となりました。その日は十二月八日。仏教界では、この「お釈迦さまが悟りをひらかれた日」を「成道会《じょうどうえ》」と呼んでいます。

求めていた「悟り」を手に入れたブッダは、はじめのうち、その「悟り」をひとり、心のままに味わい、楽しんでいました。それが、三日過ぎ、十日過ぎ…十五日目になると、雨が降り出しました。降り続く雨。二十一日目に入ると、「ナーガ」と呼ばれる龍王が現れ、ブッダを雨から守るようにその頭上を覆ったと伝えられています。

雨が上がる頃、ブッダは悩んでいました。悟ったブッダが何を悩むことがあるのでしょうか？　そう、その「悟り」はあまりにも深い教えであったため、「人々には理解できないかもしれない」という懸念があったのです。

「自分の悟った内容を、人に説くべきか、自分ひとりに留めおくべきか…」

ためらうブッダのもとに現れたのが、「梵天」と呼ばれる仏法の守護神でした。

梵天は、悩むブッダにいいました。

「ブッダよ、どうかその法をお説きください」。

「しかし、人々にはこの法を理解することが難しいかもしれぬ」

「それでもあなたは説くべきなのです。そうしなければ、苦しみのなかに生きる人々は救われませんぞ。確かに、あなたの悟られた法は難しいでしょう。それでも正しい道を求める者にも、そうでない者にも、法を伝えなければなりません。それは、泥のなかの蓮の花のようなものです。泥のなかから蕾を出しても水につかったままの者、水面まで蕾を出しても花ひらくことのできない者、蕾を出して水面から顔を出して美しい花を咲かせる者、とさまざまな者がいます。花ひらくことのできない蕾が、泥のなかにたくさんいるとしたら、これほど悲しいことはありませぬ。さあ、ブッダよ……！」

思案したブッダは答えました。

「わかりました。梵天よ、私はこの法を生きとし生けるもの、すべての衆生《しゅじょう》に説いていきましょう！」

梵天のおかげで、ブッダは布教を決心してくれました。

これは私たち仏教徒にとって欠かすことのできないエピソードでしょう。なぜなら、その布教の決心がなければ、〝わたし〟は今ここに生かされていないからです。

コラム③…「苦行」も「我慢」も意味がない?

「苦行には意味がない」と、古くからの修行をバッサリ切ったお釈迦さま。

ではなぜ、「苦行には意味がない」のでしょうか?

苦しいことを我慢して、我慢して、我慢し尽くす「苦行」。いつの世も「我慢」は好まれ、美徳とされてきました。

しかし、もともと「我慢」は仏教用語で、煩悩のひとつを表す言葉でした。そう、それは、強い自己意識から起こる「慢心」のことで、よくない意味の言葉なのです。

たとえば、です。世の中には「私のようなものが…」と自分を卑下する人がありますが、こういった人には二パターンの人格が存在します。それは「腰の低い人」と、「自分は腰の低い人間だ、という自己満足に陥っている人」の二つです。

前者はその姿勢、態度から、周囲に言葉なくとも人柄は伝わりますが、後者は意外と簡単に人からその慢心を見抜かれてしまいます。むしろ、「腰の低いフリをして、うまくやっているつもりの思いあがった人間」と、鼻につく存在になってしまいます。

こういったことから、自分を卑下することで起こる思いあがりのよくない心を「卑慢」ともいうのです。

だからお釈迦さまは、我慢を続ける「苦行」は自己満足でしかなく、悟りとはほど遠いものだといわれたのです。どんなときでも背伸びをせずに、「ありのまま」。自分の与えられた状況のなかでよく考え、精一杯頑張ることが、真の悟りへと繋がっていくのです。

コラム④…スジャータだけでなく、カルピスも…！ 身近な食品に仏教語アリ☆

若きお釈迦さまが「苦行には意味がない」と悟り、断食をやめて沐浴をしていたときのこと。仏典によると、ここでスジャータという名の村娘が現れたと伝えられています。

まっすぐな瞳のその娘は、衰弱したお釈迦さまを見るなり、乳粥を施しました。

これにより、お釈迦さまはどんどんと体力を回復させていきますが、女性に介抱され、乳粥を食べさせてもらうその姿に、五人の仲間たちはおおいに落胆したといわれています。

それにしても、「スジャータ」って、どこかで聞いたことがあるような気がしませんか？　そう、「スジャータ」といえば、私たちの頭のなかに思い描かれるのは、コーヒーミルクや飲料で有名な「スジャータ」です。

「なんたる偶然！」と驚く方もいらっしゃるでしょうが、実はこれは偶然ではなく、「スジャータ」の創業者さんが、この村娘にちなんで社名を「スジャータ」にされたのです。信仰熱心な方だったのでしょうね♪

さらには、あの「カルピス」も、仏教語の「サルピス（熟酥《じゅくそ》）」に「カルシウム」の「カル」を組み合わせてできた商品名だとか。

身近な食品に仏教語アリ☆です♪

わざわざ、お坊さんから「仏教語を使ってください」とお願いしたわけでもないのに、その言葉を広めてくださる「スジャータ」さんと「カルピス」さん。

ここだけの話、商品の味はもちろん！仏教界にとっても、有り難く、オイシイ話なのです♪

コラム⑤…解脱の味ひとり飲まず

梵天さんの説得によって布教を決心されたお釈迦さまでしたが、私の属する天台宗の開祖、伝教大師・最澄さまも「解脱《げだつ》の味ひとり飲まず」という素晴らしいお言葉を残されています。

いいものはついつい独り占めしたくなるのが私たち人間ですが、「悟り」にすら「執着」をもたないお釈迦さまや伝教大師さまから学べることとはなんでしょうか。

実は、私は以前、自分の考えた仏教小咄を、他のお坊さんから「自分の法話で使わせてもらってもよろし？」と聞かれることが、とても苦痛でした。

しかし、お釈迦さまの決心、そして伝教大師さまの「解脱の味ひとり飲まず」を知ってから、「そんなケチケチしたことというてたらアカン！　いろいろなお坊さんがこのネタを使ってくれたら結果的には布教につながるんやから、自分の小ネタに執着したらアカン！」と思えるようになりました。

「仏教」は「仏の教え」、そして「仏になる教え」といわれます。仏さまになれなくても、仏さまのような人になりましょう、ということです。

お釈迦さまの人生のエピソードは、その一つひとつがすでに「教え」です。
お釈迦さまの生き方を、今の自分に置き換えて、考え、学び、努力をしていけば、
どんな人もきっといつかは「仏」になれるはずですよ♪

第3章

説法の旅と仏弟子たち

21 鹿野苑《ろくやおん》で初説法

布教の旅に立たれたお釈迦さまは、「まずは、この教えを誰に説こうか」と考えました。やはり、その「悟り」は深い教えであるため、そんじょそこらの人間では、その後の布教活動にも影響を及ぼしかねません。そこで、お釈迦さまの教えをきちんと受け取ることのできる器の人間はいないか、思案したのでした。

はじめに思い起こされたのが、その昔、教えを乞うたアーラーダ仙人とウドラカ仙人でした。しかし、あれからだいぶ月日が流れていたため、二人ともすでに他界していました。それでは…と次に考えたのが、ともに苦行をした五人の仲間たちでした。風の噂で「五人はサールナートという場所にいる」と聞きつけたため、お釈迦さまはその地を目指しました。サールナートは別名「鹿野苑」と呼ばれていました。なぜなら、そこには鹿がたくさんいたからです。

五人の仲間は、はじめ「苦行から逃げたシッダールタ」の話に耳を傾けようとしませんでした。しかし、もともとは〝筋の良い〟修行者たちです。お釈迦さまと言葉をかわし、その瞳を見て、すぐに「シッダールタは悟ったのだ」と、否応なしに全身全霊で感じとったのです。早速、お釈迦さまに教えを求めましたが、やはりその教えは難しく、なかには理解できない者も出てきました。そこでお釈迦さまは方法を変えて、わかりやすく、喩《たと》え話などを用いて、その教えを説いたのでした。

こうしたお釈迦さまの〝説法の工夫〟が功を奏し、一人悟り、二人悟り……こうして、どんどんと悟っていった五人の仲間たちは、お釈迦さまの「最初の弟子」となったのです。

では、ここでひとつ豆知識を。

もともと、私のような噺家《はなしか》（落語家）の開祖はお坊さんだといわれています。そして、開祖のひとりとされる初代・露の五郎兵衛という日蓮宗のお坊さんは、お釈迦さまと同じく野外で説法をしていました。オチをつけて説法をしたため「落とし噺」と呼ばれ、その後、「落語」となり、落語をする人を「落語家」というようになったのです。

ではなぜ、「落語家」は「噺家」とも呼ばれるのでしょうか？

これはあくまでも私の個人的な見解ですが、おそらく、初代・露の五郎兵衛がお釈迦さまの初説法と同じく野外で落語をしたことから、その地、「鹿野苑」にちなんで、落語家を「ハナシカ」と呼ぶようになったのだと思います！……って、こんなしょうもない話をしていたら、それこそ偉いお坊さんから、おシカりが飛んできそうですネ！

22　一人歩む道

五人の仲間が「弟子」となったお釈迦さま。ハラナ国（ヴァーラーナシー）という場所で布教を続け、次第に六十人あまりの教団となりました。ここで、お釈迦さまはお弟子さんたちにいわれたのです。

「私はこれから、自分が悟りをひらいたウルヴィルヴァーという地へ行って、ここで布教をしたいと考えている」

すると早速、お弟子さんたちは、「では、お供させていただきます！」と申し出ました。しかし、ここでお釈迦さまが「いや、私は一人で行く」とお答えになったものですから、お弟子さんたちは拍子抜けです。お釈迦さまは続けました。

「私は一人で行く。あなたたちも思い思いに旅立ちなさい。そして、決して二人一緒に連れ立つのではなく、一人で行くのですよ。そうすれば、より多くの人にこの教えを伝えることができ、一人でも多くの人を救うことができます」

お釈迦さまのこのお考えに、お弟子さんたちは大いにうなずきました。そして、ここでお釈迦さまは大切なお弟子さんたちに布教の心得を伝えたのです。

「この教えを広めるとき、実にさまざまな困難に出会うことでしょう。しかし、これらの苦難・困難を乗り越えるのも、あなたたちの修行です。この教えを広めることが最大の修行であることを肝に銘じて、どうか頑張ってください」

この激励の言葉を胸に、お弟子さんたちはそれぞれの布教へと旅立ちました。

「布教」とは、今も昔も私たちお坊さんにとって最も大切なテーマのひとつです。

私自身もお坊さんとして布教をする際、「これはツライな…」と思うことが、過去に何度かありました。しかしそのたびに、お釈迦さまのこの言葉を思い出して、自分自身も六十人の弟子のひとりになったような気持ちで、「布教には、苦難・困難はつきもの。これこそが私の修行」と自分を励ましてきたものです。

お釈迦さまはすべての命を大切にするお方です。誰か一人でもその掌からこぼれ落ちたのでは、それは本意ではありません。そのためにも、一人でも多くの人に、伝える。そのために、お弟子さんたちに「一人で歩め」とおっしゃられたのです。

一人で歩む道は、ときにツライこともあります。それでも、お釈迦さまとはご縁でつながっているわけですから、寂しいことはありません。だから、仏弟子である私たちお坊さんは、今日も明日も〝仏教@拡散希望〟の精神で、ただひたすらに歩み続けるのです。

23　大富豪の息子・ヤサ

布教活動が本格的にスタートし、お釈迦さまの弟子はどんどんと増えていきました。特に有名なのは「釈迦十大弟子」と呼ばれる方々ですが、お釈迦さまにはそれ以外にも個性的なお弟子さんがたくさんおられました。

まず、ここでスポットを当てたいのが、初期にお弟子さんになられた「ヤサ」という青年です。

ヤサは大富豪の息子で、小さい頃から何不自由ない生活を送ってきました。両親からは好きなものを好きなだけ与えられ、食べたいものを食べ、飲みたいものを飲み、美しい女性に囲まれる、まさにハーレム状態の生活を送っていました。

しかし、ヤサはいつも心のなかにどこか虚しさを感じていました。まるで、出家前のお釈迦さまのようですね。

ある日のこと。ヤサはお釈迦さまと出会い、その説法を聞くことができました。そこで、己の苦しみの原因は、財産や名誉といった、永遠でないものを拠り所としていることだと知りました。お釈迦さまはいわれました。

「財産や名誉といったものに対する執着を捨てることができれば、真の幸せを得られるであろう」

この教えに感銘を受けたヤサは、出家を決意しました。

出家したい…。ヤサは早速、両親に願い出ました。これを聞いた両親は快く承諾し、同時に、両親もお釈迦さまの教えに深く帰依しました。

そして、本来であれば両親も息子とともに出家したいところでしたが、家業のため出家するわけにいかず、そこで在家信者となりました。

両親は考えました。「出家できないかわりに、せめて自分たちのできる範囲でお釈迦さまのお役に立ちたい」…こんな思いから、ヤサの両親は、初期仏教教団の金銭的なサポートをしてくれる実質的な〝スポンサー〟となったのです。

現代では、スポンサーのことを〝パパ〟なんて呼んだりしますが、仏教界初の〝パパ〟は、正真正銘、お釈迦さまの弟子・ヤサの〝パパ〟だったのです。

若き日のお釈迦さまと同じような境遇から悟りを求める心を起こしたヤサ。

弟子に対する師匠のイメージというと、恐ろしく、厳しいものですが、お釈迦さまはきっと、こんなヤサを、それはそれはヤサしく、悟りの道へと導いていったのでしょうネ！

24 事火外道《じかげどう》のカーシャパ三兄弟を打ち負かす

お釈迦さまの十大弟子にマハーカーシャパ（摩訶迦葉《まかかしょう》）という人がおりますが、仏典を紐解くと、実は他にも、お弟子さんで「カーシャパ」という同じ名前の三兄弟がいたと記されています。

三兄弟とお釈迦さまの出会い。そのキッカケは、お釈迦さまがあるとき瞑想をしていたときのことでした。お釈迦さまの頭のなかに、「火を拝する三兄弟を悟りへと導く」というビジョンが浮かび上がってきたのです。

お釈迦さまはこの兄弟を導かねばと思い、早速、旅立ちました。

その当時、三兄弟は長男を筆頭とし、総勢一千人にものぼる数の弟子を従える、一大教団を形成していました。

まずはお釈迦さま、門番に「一晩泊めていただきたい」と頼みましたが、門前払いをくらってしまいました。しかし、そこに「ちょっと待て！」と現れたのが、長男であるウルヴィルヴァー・カーシャパだったのです。

長男はそれらしい顔で、「石室でよければお泊りいただいても結構です」といいましたが、実はこの石室には、それはそれは恐ろしい大蛇が住み着いていたのです。そう、長男のねらいは、この大蛇にお釈迦さまを襲わせることでした。

しかし、やはりここはお釈迦さま！　その神通力をもって、大蛇を打ち負かしたのです。そして翌朝、お釈迦さまの何事もないお姿に、さすがのウルヴィルヴァー・カーシャパも唖然としてしまったのです。

それでも、お釈迦さまのことを認めるわけにもいかず、あの手この手でお釈迦さまに神通力による戦いを挑みますが、お釈迦さまにかなうはずはありませんでした。

いよいよ、お釈迦さまが正真正銘のブッダであることがわかった長男は、最後は潔く、お釈迦さまの弟子となりました。また、それを見ていた弟たちも弟子となり、三兄弟の一千人の弟子たちも、お釈迦さまの弟子として帰依したのでした。

今までは、火を拝してきたカーシャパ三兄弟。しかし、お釈迦さまの弟子となってからは、「今度こそお釈迦さまのもとで絶対に悟りをひらいてみせる」と、修行への魂をメラメラと燃え上がらせたといわれています。

25 六師外道《ろくしげどう》

アイドル戦国時代と呼ばれる昨今。さまざまなジャンルのアイドルが存在し、その市場は拡大を続けていますが、お釈迦さまのお生まれになった二千五百年もの昔は、まさに「宗教家戦国時代」ともいえるような時代でした。

『沙門果経《しゃもんかきょう》』というお経を紐解いてみますと、この時代、インドにはお釈迦さま以外に六人の目立った思想家がいたと書かれています。いずれも仏教はこの六人に対して否定的な立場をとっていますが、わざわざお経に書かれるくらいのメンバーですから、思想家としては相当な実力と人気があったのかもしれません。ここでは、その当時の人々の気持ち、置かれた環境を読み解くためにも、この六人に注目して見てみましょう。

まず、「アジタ」という人は、「人間は、地・水・火・風の四元素からできている」とする唯物論者でした。

「パクダ」は、「地・水・火・風の四元素に加え、苦・楽・命という七つの要素から人間はできている」と考えていました。

「プーラナ」は「善行善果」「悪行悪果」を否定し、道徳否定論者とも呼ばれました。

「マッカリ」は、「すべては運命によって決まっている」とキッパリ。決定論者といわれました。

「サンジャヤ」は懐疑論者で、「来世はあるか、ないか」といった、答えの出ないような議論はやめるべきだとしました。

そして、ジャイナ教の開祖である「マハーヴィーラ」は、ものごとをあらゆる視点から観ることをすすめ、相対論者といわれました。

この六人のことを専門的には「六師外道」と呼びますが、あくまでも「外道」とは、「仏教以外の思想」を表すもので、侮辱する意味ではありません。

当時の人々は、現代の私たちとは違う生命観・人生観のもとで生きていました。殺伐とした世の中だったからこそ、厳しい自然環境だったからこそ、理不尽な階級制度があったからこそ、さまざまな思想や宗教が生まれたのです。

当時はこのような思想もあったのだと、お経に残されている、その意味は…。それは、自分の宗教を知るためには、他の宗教を知ることも大切だ、という教えなのではないでしょうか。そう、だからこそ、「六師」とは、仏教を学ぶ上で決して「ムシ」できない存在だったのでしょうネ！

26 ビンビサーラ王

王舎城の悲劇

ここでは、第2章の15項でご紹介したビンビサーラ王の壮絶な最期について、お話をさせてください。

その昔、ビンビサーラ王は、妻・ヴァイデーヒー（韋《い》提《だい》希《け》）妃との間に、なかなか子どもを授かることができませんでした。あるとき、王がバラモンに占ってもらうと「山のなかに一人の仙人がいる。この仙人が死んだら、王子として生まれるであろう」という予言を受けました。

しかし、待てど暮らせど、仙人はなかなか死んでくれません。人の死を待つというのはなんとも恐ろしいことですが、そんな恐ろしい心が王の優しい心をも凌駕してしまったのでしょうか…。あるとき王は、この仙人に刺客を送り、殺害してしまったのです。

それから間もなく、ヴァイデーヒー妃は身ごもりました。

そこでまた、子どもの未来をバラモンに占わせると、「仙人はあなた方を怨んでいる。生まれてくる子どもは仙人の怨念によって親を殺すであろう」といわれたのでした。

仙人の気持ちからすれば、ごもっともな話ですが、この予言を恐れた王と妃は、今度は中絶を考えるようになりました。しかし、お釈迦さまから中絶することを禁じられたため出産し、その王子に「アジャータシャトル（阿闍世《あじゃせ》）」と名づけたのです。

アジャータシャトルは両親の心配とは裏腹に、すくすくと成長しました。しかし、運命のときは訪れてしまったのです。

あるとき、アジャータシャトルはお釈迦さまを敵視するデーヴァダッタ（提婆達多《だいばだった》）から出生の秘密を知らされてしまいました。ショックを受け、底知れぬ怒りを覚えたアジャータシャトル。ビンビサーラ王を幽閉し、食事すら与えないようにしてしまいました。

しかし、食事を与えていないにもかかわらず、なかなか死なないビンビサーラ王。実は、ヴァイデーヒー妃が面会の際に王にこっそりと食事を届けていたのでした。

これを知ったアジャータシャトルは、ヴァイデーヒー妃と王の面会を禁じ、ついに王は七日後、飢えに苦しみながら死んでいったのです。

その後、ヴァイデーヒー妃も牢獄へ幽閉されてしまいますが、ここでヴァイデーヒーは何度も何度もお釈迦さまの説法を聞き、改心をしたといわれています。

因果応報を目の当たりにするようなお話でしたが、そんななかでもお釈迦さまに救いを求める心をもち続ける大切さが、このエピソードには隠されているのではないでしょうか。

27 富豪スダッタ　祇園精舎《ぎおんしょうじゃ》を寄進する

あるところに、スダッタというお金持ちの男がいました。

今も昔も、お金持ちというと「ケチなお金持ち」と、「他者への施しを惜しまないお金持ち」と、二つのタイプに分かれますが、スダッタは後者。孤独で貧しい人々に食べ物を施す優れた人柄であったため、「給孤独者《ぎっこどくしゃ》」とも呼ばれていました。

ある日のこと、お釈迦さまの説法を聞く機会を得たスダッタは、その真理の言葉に感激し、「なんという素晴らしい教えだ！　これはぜひ私のところでも説法をしていただきたい」と心底願ったのでした。そこで、「精舎」と呼ばれるお寺を建てようと考えたのです。

〝有言実行〟〝思い立ったが吉日〟のスダッタは、すぐに土地探しを始めました。

やがて見つけたのが、ジェータ太子が所有していた林苑でした。

「ここならばピッタリだ！」

そう感じたスダッタは、早速、太子に「林苑を譲ってほしい」と願い出ました。

すると、太子はこんなことをいいはじめたのです。

「では、その必要な土地の表面をすべて金貨で敷きつめたら譲って差し上げましょう」

なんともイジワルな物言いですが、スダッタはホンマもんのお金持ち。こんなことには動じません。いわれたとおりに、金貨を敷きつめたのでした。

これにはさすがの太子もビックリ仰天。そこで改心したのか、素直に土地を譲り渡してくれたばかりか、太子自らも精舎を建てるための木を布施したというのです。

そんなこんなで完成した、お釈迦さまをお招きするための精舎。

そこは「給孤独者・スダッタ」と「ジェータ（祇陀《ぎだ》）太子の林」を表すように、「祇樹《ぎじゅ》給孤独園精舎《ぎっこどくおんしょうじゃ》」と名づけられました。そして、これが略されて「祇園精舎」となったのです。

スダッタの親族は、のちに老若男女問わず、皆、仏教に帰依しました。そしてその大きな功徳を象徴するかのように、スダッタは死後、兜率天《とそつてん》に生まれ変わったといいます。

祇園精舎を建立し、最後は兜率天に巣立った富豪、スダッタ。

スダッタは、たまたま富豪でしたが、布施する気持ち、そしてお釈迦さまに帰依する気持ちには、お金持ちか、貧乏かだなんて関係ありません！

自分のできる範囲で、最大限の施しをできる、そういう人間になりたいものですね！

28　運命の二人　シャーリプトラとマウドゥガリヤーヤナ

シャーリプトラ（舎利弗《しゃりほつ》）とマウドゥガリヤーヤナ（目連《もくれん》）――お釈迦さまの十大弟子といわれるこの二人は、切っても切れない不思議な運命でつながっていました。

二人は、王舎城の近くの村で、同じ年の同じ月の同じ日に生を受けました。幼い頃から仲良しで、固い絆で結ばれていました。

あるとき、二人は村の祭りへ行くと、楽しそうに踊る人々が次々と屍になっていく、恐ろしい幻を目にしました。このとき、世の無常を感じた二人は出家を決意したのです。

早速、五百人の弟子をもつといわれる懐疑論者・サンジャヤ師の門を叩きました。すぐにその思想を体得した二人は、サンジャヤ師の高弟として教団を引っ張る立場となったのです。しかし、その頃、二人には共通の悩みがありました。

それは「サンジャヤ以上の人間に師事したい」という悩みでした。そう、このときすでに、二人の宗教家としての真理を求める気持ちはサンジャヤをはるかに超えていたのです。

数年後、二人にチャンスが、いえ、来るべき時が来ました。

托鉢をするお釈迦さまの弟子をたまたま見かけ、すぐにその気品、立ち振る舞いに、

「この托鉢僧の師は、私たちが求めている師に違いない」と、ピンときたのです。すぐさまお釈迦さまのもとへと向かった二人。お釈迦さまの前へと進み出ると、なんとも不思議なことに、「あなたたちは私の弟子です。そしていつか必ず悟りを得ることができるでしょう」といわれました。

その後、二人はサンジャヤのもとに戻り、「お釈迦さまの弟子になりたい」と師に告げました。するとサンジャヤは怒り狂い、自分の目でお釈迦さまとはどんな人物か確かめる、と鼻息を荒くしたのです。

いよいよ、お釈迦さまとサンジャヤの法論が始まりました。…が、それは法論と呼べるようなものですらありませんでした。サンジャヤは己の説く懐疑論の落とし穴に自分でハマり、ついに怒りで吐いた血が喉につまり、息絶えてしまったのです。

このとき、シャーリプトラとマウドゥガリヤーヤナとともに、サンジャヤの弟子であった二百五十人が、お釈迦さまへ師事することになったといわれています。

仏弟子として再出発した運命の二人。いったい、どんな未来が待ち受けているのでしょうか。

29 シャーリプトラ（舎利弗《しゃりほつ》）智慧《ちえ》第一

お釈迦さまの弟子となった運命の二人。まずは、シャーリプトラさんの生涯からみていきましょう。

シャーリプトラさんは、当時のインドにおける身分階級の最高位「バラモン」の家系に生まれました。シャーリプトラとは、「シャーリー」という女性の「子ども（プトラ）」という意味です。これを漢訳者が音で写して「シャリホツ」という名前になりました。

ちなみに、シャーリプトラは漢字で「舎利弗」や「舎利子」と表記することもあり、皆さまよくご存知の『般若心経』の一説「ごうんかいくーどーいっさいくーやくしゃーりしー」の「しゃりし」は、このシャーリプトラさんのことです。

他にも『阿弥陀経』や『法華経』といった大乗仏教の代表的なお経のなかに、たびたび登場しますが、これはお釈迦さまが「シャーリプトラよ」と問いかけていることを意味しています。こういったことから、シャーリプトラさんがお釈迦さま側近の弟子であったことがよ〜くわかります。

シャーリプトラさんは先述のように、マウドゥガリヤーヤナ（目連）さんとともに懐疑論者の師から離れ、お釈迦さまの弟子となりました。そして、悟りをひらかれたのは仏弟子となって十四日後のことだったといわれています。とにかく頭の良い人だったのでしょうね。

そうそう、シャーリプトラさんは実際に頭が良かった証拠に、「智慧第一」という異名をもっています。学問に優れ、お釈迦さまの片腕として衆生の教化につとめました。晩年は病気を患い、お釈迦さまが八十歳で入滅される一年前に亡くなられたといわれています。また、これは余談ですが、先日、シャーリプトラさんのことをアレコレと調べていたら、面白いことを知りました。なんと、わが国には「舎利弗」という名字の方がいらっしゃるそうなのです。

「舎利弗」と書いて何と読むか？　正解は「とどろき」と読むのだそうです。

「舎利弗」と書いて「トドロキ」と読むだなんて、なんとも「オドロキ」ですね！

お釈迦さまの高弟であったがために、さまざまな苦難や困難にあわれたシャーリプトラさんでしたが、ただひたすら一心に修行をされ、お釈迦さまの智慧を受け継がれました。

次は、そのシャーリプトラさんと生まれてから死ぬまで、ずーっと一緒に歩んできたマウドゥガリヤーヤナさんについてご紹介をいたします。

30 マウドゥガリヤーヤナ（目連《もくれん》） 神通《じんずう》第一

続いては、シャーリプトラさんと同じく、バラモンの子として生を受けたマウドゥガリヤーヤナさん。なかなかのイケメンで「神通第一」と呼ばれました。「神通」とは、いわゆる超能力のこと。その神通力をもって大活躍をしましたが、昔から「出る杭は打たれる」といわれるように、マウドゥガリヤーヤナさんを妬む者も多く、いやがらせを受けることも多々ありました。

それだけではありません。晩年も壮絶で、伝記によれば暴漢に襲われて亡くなったといわれています。もちろん、神通力をもって暴漢の存在を見破ってはいたのですが、「ここで死ぬのは自分の運命」と受け入れたのだそうです。

さて、そんなマウドゥガリヤーヤナさんが仏弟子となって悟りをひらくまでに要した時間は、実に七日といわれています。ここから、驚くべき才能の持ち主であったことがうかがえますね。ちなみに、シャーリプトラさんは十四日で悟りをひらいたといわれていますので、二人は七日違いで悟りをひらいたことになります。

しかし同じ日に生まれて、同じ道を歩み、同じ日にお釈迦さまの弟子になったのであれば、同じタイミングで悟りをひらきそうなものですが。

これはいったいどういうことでしょうか？

たとえば、「悟り」という世界を私たちにとって身近な「温泉旅行」に置きかえて考えてみましょう。誰もが行きたい温泉、その行き方にもいろいろなパターンがあります。

まずはフットワークの軽い人の場合。土曜日あたりに、「あー温泉でも行きたいな〜！明日、朝一で新幹線に乗って熱海でも行こか！」と、ネットでサクッと温泉を検索して、サクッと新幹線に乗って、温泉に到着します。そうかと思えば、「熱海温泉に行きたいな〜でも、せっかく行くのなら、しっかりと計画を立てなければ」と、三カ月前から旅行会社へ行ってパンフをもらい、宿とプランを吟味して、旅行用の鞄を買い、準備をしっかり整えて温泉へ行く人もあります。どちらも人それぞれですが、入る温泉は一緒です。

つまり、マウドゥガリヤーヤナさんは悟りの道へ入るために心が身軽であったために、七日という短期間で悟りを得ることができたのです。そして思慮深いシャーリプトラさんは、準備万端整えてから悟りの道へ入ったので、十四日という時間を要したのではないでしょうか。一緒だけど違う、違うけど一緒。こんな二人だからこそ、お釈迦さまの弟子として偉大な〝はたらき〟ができたのだと思います。

31 マハーカーシャパ（摩訶迦葉《まかかしょう》）頭陀《ずだ》第一

次にご紹介するのは「頭陀第一」と呼ばれたマハーカーシャパさん。

もともと裕福な家庭に生まれ育った彼は、昔から出家願望があったものの、親のすすめで結婚生活を送ったこともありました。しかし、妻もまた出家願望のある女性だったため、二人で清浄な結婚生活を送り、のちに二人揃って出家。情に流されないよう、途中で別々の道を歩み、修行へ入ったという逸話も残っています。

出家後は、お釈迦さまからほんの少しの手ほどきを受けただけですべてを悟り、八日間でその域に達したといいます。その後は教団の中心人物として活躍。そしてお釈迦さまの死後には、その大切な言葉を後世に残すために大会議（これを「仏典結集《ぶってんけつじゅう》」という）を主催し、「教え（経）」と「規則（律）」をしっかりとまとめ、体制を整えました。

大会議が終わると、教団のことはお釈迦さまの十大弟子のひとり、アーナンダさんに託し、マハーカーシャパさんは鶏足山と呼ばれる山のなかへと消えていきました。これが彼の最後の記録となっています。

ちなみに、彼の特徴を表す「頭陀」という言葉ですが、これはもともと「衣食住への執着を払いのけること」をいいました。お坊さんのさげている袋も「頭陀袋《ずだぶくろ》」といいますね。つまり、「頭陀第一」とは、そういった「俗」なものからひたすら離れ、修行に打ち込んだお坊さんという意味なのです。

そうそう、ここで「衣食住」の話題が出たので、お坊さんの「衣」についても少し付け加えておきましょう。

今現在、日本のお坊さんが身に着けている衣などは大変豪華ですが、もともとは「糞雑衣《ふんぞうえ》」といわれる「清貧」を象徴するものでした。これは、その漢字からもご想像いただけるように、実は「トイレ掃除に使われるようなボロ布」のことで、そういうものですら有り難く使わせていただく精神で、お坊さんは修行をするものだったのです。

ですので、ここでぶっちゃけた話を申しますと、私は現在、法要などで「木蘭《もくらん》」といわれる黄土色の衣を身に着けていますが、これは実はトイレ掃除用の雑巾の色なので、あまり「きれいな色」ではないのです。

天才肌であり、ストイックな性格であったため、なかなか周囲から理解されない部分もあったマハーカーシャパさん。しかし、彼の功績があったからこそ、今日、私たち仏教徒がお経から多くのことを学ぶことができるといっても、決して過言ではないでしょう。

32 スブーティ（須菩提《しゅぼだい》）解空《げくう》第一

さて、続いてのお話をする前に……皆さまには、ここで少しスダッタ長者を思い出していただきましょう。

スダッタ長者といえば、お釈迦さまに「祇園精舎」を寄進したお金持ちですが、実はこのスダッタ長者の甥、スブーティも十大弟子のひとりと数えられているのです。

コーサラ国でお金持ちの家に生まれたスブーティさんは、信仰熱心なスダッタ長者の甥らしく、品行方正に育ち……といいたいところですが、まったくの逆。いわゆる「ドラ息子」として育ちました。

しかし、これもスダッタ長者の積んだ功徳のおかげでしょうか。祇園精舎でお釈迦さまの説法を聞いた彼は改心し、出家後は人と争わず、穏やかな修行生活を送りました。

現代では「ギャップ萌え」という言葉がありますが、人間はいつの時代も「驚くべき変化」に関心があります。スブーティさんもある意味では、そういった「ギャップ萌え」を感じさせる人だったため、ファンも多く、アイドルであれば「プレゼント」をもらうところ、たくさんの信者さんから「供養《くよう》」を受けたといわれています。

そのため「被供養第一」と呼ばれたり、仏教の難解な教えである「空《くう》」の教えをよく理解していたので、「解空第一」ともいわれました。

そうそう、「供養」といえば、スブーティさんにはこんなエピソードもあります。

この本で何度も登場しているビンビサーラ王は、あるときスブーティさんのために小屋を作りました。しかし、いま流行りの欠陥工事なのか…なんと、その小屋には屋根がなかったのです。ただ、ここでプチっとキレないのが、スブーティさんが十大弟子といわれるゆえんです。

いまや心穏やかで争うことから離れた彼は、文句のひとつもいわず、有り難くその小屋を使い続けました。そして、そんなスブーティさんの姿を見た「お天道さま」は、彼が雨で濡れないように、雨を降らすことをやめたのでした。

しかしその結果、村の畑は干上がってしまったのです。困った農民たちとビンビサーラ王はあれこれ思案し、やっとのこと、雨が降らない理由がわかったといいます。そして早速、スブーティさんの小屋に屋根をつけると、雨が降るようになったということです。

お天道さまに雨を降らせなかったスブーティさん。畑のためにも雨は降ってもらわないと困りますが、次の頁では「富楼那（ふるな）」さんについてご紹介をいたしましょう。

33 プールナ（富楼那《ふるな》）説法第一

「プールナ」さんは、お釈迦さまと同じ誕生日に、大富豪の息子として生まれました。はじめは貿易商として商才を発揮し、そこで知り合ったスダッタ長者とのご縁でお釈迦さまの説法を聞く機会を得ました。

その後、出家を熱望して入門が許されたのです。熱い想いで入門した彼は、その初心を忘れることなく、一生懸命修行に励みました。その結果、仏教徒として、修行者として、みんなのお手本になるような「弟子の鏡」となったのです。

また、その抜きん出た才能は「説法第一」といわれ、流れるような説法は大変聞きやすく、人々の心を魅了しました。

晩年は故郷での布教に励み、お釈迦さまよりも長生きをされたといいます。

現在のお坊さん業界では、教科書にそって物事を解説する、学校の先生のような「学者タイプ」や、ひたすら修行に打ち込む「行者さんタイプ」、そしてお話が上手な「布教師タイプ」…と、さまざまな特性をもつお坊さんがおられますが、プールナさんは、「どうすれば人々の心に仏の教えが響くのか」をよ～く心得ておられた、「布教師タイプ」のお坊さんであったといえますね。

ちなみに、私も「布教」をするためのお坊さんですから、昔からプールナさんという存在は、目標とすべきお坊さんのひとりであり、その生き方からなにか学ぶことができないかといろいろと調べてきました。するとあるとき、驚くべきことを知ったのです。

なんと！プールナさんは「六十種類の言語を扱うことができた」といわれているのです。この伝説から、勉強やコミュニケーション能力はもちろん、説法をするにはいろいろな言語をも扱えなければいけないということを痛感させられました。

それからというもの、私も楽しくわかりやすく布教をするために、いろいろと勉強をして、六十カ国語とまではいえませんが、なんとか三カ国語まで喋れるようになりました。そう、その三カ国語とは…「英語」「日本語」、そして「落語」です！…って、んなあほな！

これはこれは、失礼いたしました☆

34 マハーカーティヤーヤナ（摩《ま》訶《か》迦《か》旃《せん》延《ねん》）議論第一

続いては、お釈迦さまが悟りをひらかれる前から弟子になることが決まっていたという「マハーカーティヤーヤナ」さん。

マハーカーティヤーヤナさんは、これまた裕福な家庭に生まれ育ち、成績優秀な少年でした。しかし、人の嫉妬とは怖いもので、実の兄から猛烈な嫉妬を受け、命まで狙われるようになりました。そこで、父親は彼をアシタ尊者のもとへ預けたのです。

アシタ尊者といえば、お釈迦さまの出生の際に占いをした仙人ですが、実はマハーカーティヤーヤナさんの叔父にあたる人物でした。そこで、アシタ尊者はいいました。

「もうすぐこの世にブッダが現れる。そのときはその方のもとで修行をするのですよ」

そののち、マハーカーティヤーヤナさんは立派な修行者となりました。そしてあるとき風の噂で、「ブッダが現れた！ お釈迦さまという方らしい」と聞いたのです。

しかし、彼はアシタ尊者の言いつけを守らず、お釈迦さまに会いに行こうとはしませんでした。なぜなら彼は、この世で自分が最も優れた修行者だと思い上がっていたからです。

ただ、ここで話が終わらないのが「ご縁」の力というものです。

あるとき、ガンジス河のほとりで龍の王様が難しい問題を出されました。王様はこの問題を誰かに解いてほしいといいます。

マハーカーティヤーヤナさんは自分なら解けるであろうと意気揚々と出かけましたが、それは手も足も出ないような問題でした。そして、なんとかしなければと、実にさまざまな識者に意見を求めましたが、納得のいく答えは出なかったのです。

そこでついに彼は、ブッダと名高いお釈迦さまのもとへ行ってみることにしたのです。お釈迦さまは「マハーカーティヤーヤナ、あなたがここへ来ることはわかっていましたよ」と優しく微笑むと、その問題を見事に解かれたのでした。

その智慧を目の当たりにした彼は、たちまちのうちに自分の驕りを捨て、心も体もお釈迦さまの弟子になったといいます。

その後は「議論第一」と呼ばれ、教団を支える素晴らしいお坊さんとなりました。

血縁である兄からの嫉妬のために叔父に預けられ、そこから修行者となり、最後は「血縁」以上の「仏縁」に出会えたマハーカーティヤーヤナさん。

彼の一生から、私たちはどんな不遇な環境に置かれても、お釈迦さまとのご縁を大切にすれば、必ず幸せになれるのだと、私は強く確信せずにはいられません。

35 アニルッダ（阿那律《あなりつ》）天眼第一《てんげんだいいち》

続いてのアニルッダさんは、「天眼第一」と呼ばれたお弟子さん。

なぜ、そのような名前になったのかというと…ある日のこと、お釈迦さまの説法中に居眠りをしてしまったことに起因しています。

師の説法中に居眠りをするとは、とうてい許されないことですが、お釈迦さまは「私に謝るのではなく、自分自身の修行者としての心に謝りなさい」と諭されました。これを聞いたアニルッダさん。「もう、今日から私は眠ることをやめよう」と意を固くしたのです。

それからというもの、アニルッダさんは一睡もすることなく、ついに失明をしてしまいました。しかし、アニルッダさんは光を失ったかわりに得たものがあります。

それが、「天眼」といわれる「真実を見抜く眼」でした。

もともと仏教では「六根《ろっこん》」といって「眼《げん》・耳《に》・鼻《び》・舌《ぜつ》・身《しん》・意《い》」の六つの根っこを清《しょう》浄《じょう》にすることをすすめています。

なぜなら、この六つの根っこが穢れていれば、物事をことごとく悪く見、悪く聞き、悪く感じ、悪い言葉を口にするというものですが、逆にこの根っこが清浄であれば、すべての物事はことごとく良い方向へ向かっていくというのです。

アニルッダさんは肉体的な視力は失ってしまいましたが、修行者として誰よりも清浄な心の「眼」をもつことになったのでした。

ところで、私たちは普段、睡眠欲になかなか勝てないものですが、最近、お寺でお年寄りの話を聞いていると、「逆に、年をとるとよく眠れなくて…」という悩みも聞くようになりました。眠すぎるのも問題ですが、眠れないのも困ったものです。

そんななか、先日ベランダで洗濯物を干していると、お隣さんから漏れ聞こえてきた声がありました。

「おじいさん、おじいさん、起きて！　ほら、いつまでも居眠りしてたらアカンで！」と、おばあちゃんがおじいちゃんを起こそうとしています。

盗み聞きのようで心苦しいのですが、内心、お隣のおじいちゃんがまだ昼寝する体力がちゃんとあることに安心を覚えました。すると、また続けておばあちゃんの声が…。

「おじいさん、ほら、早よ起きな！　もうそろそろ、睡眠薬飲む時間やで！」

睡眠薬を飲むために、せっかくの昼寝からたたき起こされるとは（！）

《惰眠貪るべからず》―睡眠は、適度が一番です♪

36 ウパーリ（優波離《うばり》） 持律《じりつ》第一

チョキチョキチョキ……いつもハサミ片手に散髪屋を営んでいたウパーリさん。当時のインドでは奴隷階級として生まれた彼も、実はれっきとしたお釈迦さまの十大弟子のひとりです。

「持律第一」と呼ばれたウパーリさんは、あるとき釈迦族の六人の貴族のお付きとして旅に出ることになりました。

というのも、アニルッダ、アーナンダ、バドリカ、キンビラ、デーヴァダッタ、バクの六人は出家希望の仲間たち。お釈迦さまの滞在されているマンゴー林に到着ししだい、ウパーリさんに剃髪してもらい、出家をしようと考えていたのです。

無事、目的地に到着すると、六人は次々に剃髪。そしてウパーリさんに礼を告げると、こう付け加えたのです。

「ウパーリ、私たちがここまで身に着けてきた装飾品や財産、馬をお前にやろう」

こういわれたウパーリさんは、喜ぶどころか慌てふためきました。

なぜなら、想像力豊かで、かつ、自分の置かれている状況をよくわきまえていたウパーリさんは、「こんな立派な装飾品や馬をお城へ持って帰ったら、『ウパーリが六人をボコボコにして、これらを奪ってきたのではないか』と、あらぬ疑いをかけられてしまう！」と考えずにはいられなかったのです。

そこでウパーリさん。

「すいませ〜ん！　お願いですから私も一緒に出家させてくださ〜い！」

と、大急ぎで六人を追いかけたのでした。

どこか憎めないキャラクターのウパーリさん。出家後は才能を発揮。

お釈迦さまもその利発さにはさぞかしビックリされたことでしょう！

なぜ、そんなことがいえるのかって？

だって、もともとは散髪屋さんだったウパーリさん。

「理髪（利発）」は、どこにいっても彼の代名詞といえるでしょう☆

37 ラーフラ（羅睺羅《らごら》）密行第一《みつぎょうだいいち》

続いては、お釈迦さまの実子でありながら、「密行第一」と呼ばれた十大弟子・ラーフラさん。皆さまもご存知のとおり、お釈迦さまは二十九歳で王子という身分を捨て、それと同時に妻も子も捨てて出家をされました。それから悟りをひらかれたわけですが…お城を出られてから六年、ついにお釈迦さまは故郷カピラヴァストゥへ帰って来られたのです。

城でお釈迦さまの帰りを心待ちにしていたのは、両親、そして、妻・ヤショーダラーと息子のラーフラさんでした。

しかし、待てど暮らせど、お釈迦さまは城へ来ません。城下町で庶民に向けて説法をされるばかりでした。

「お父さんに会いたい」……そうつぶやいたラーフラに母はいいました。

「では、会いに行きなさい。そして、『父上の財産を私にお譲りください』というのです」

ラーフラさんは早速、お釈迦さまのもとへ行き、「財産をお譲りください」と願い出ました。すると、「よかろう」とニッコリ微笑んだお釈迦さま。ラーフラさんをニグローダと呼ばれる林へ連れて行きました。

そしてラーフラさんは、ついに父であるお釈迦さまから財産をいただいたのです！

その財産とは……もう、皆さま、おわかりですね！　それは、「仏法」という宝でした。

ラーフラさんはシャーリプトラ（舎利弗）さんとマウドゥガリヤーヤナ（目蓮）さん立ち合いのもと出家。剃髪はマウドゥガリヤーヤナさんがしてくれました。二人の偉大な先輩のもと、修行に励むこととなったのです。

しかし、ラーフラさんもお釈迦さまの実子であるからといって、なにもすぐに悟りをひらけたわけではありません。逆に、はじめのうちは、「自分はお釈迦さまの子どもである」という驕りがあったため、それがさまざまな修行の妨げとなりました。

それでも己の慢心を戒め、熱心に修行をし、ついに悟りをひらくことができたのです。

私たちは普段、著名人の子息や、「親の七光り」といわれる立場にある人を見ると、どうしても卑屈になってしまうことがあります。しかし、彼らには彼らなりの苦労があるわけですから、なにも卑屈になることはありません。己の道をただ進めばいいのです。

「実子」も「弟子」も関係なく、私たちはお釈迦さまを信じた瞬間から、みーんな「ほとけの子」。その日から、仏弟子としての光り輝く人生が始まっているのですね。

38 アーナンダ（阿難《あなん》）多聞《たもん》第一

最後は、お釈迦さまの従弟で「多聞第一」といわれた弟子、アーナンダさん。

実は十大弟子のなかでは一番悟りをひらくのが遅く、お釈迦さまがお亡くなりになったあと、ほどなくして悟りをひらいたといわれる人物です。

ではなぜ、彼は悟りをひらくのにそれほど時間がかかったのでしょうか？

実はお釈迦さまの教えというのは「八万四千の法門」といわれ、それだけたくさんの教えがあるからこそ、どんな悩みや苦しみにも必ず解決の糸口を見出してくれるものです。

そのため、「大衆向け」の説法もあれば、個々に応じた「オーダーメイド」の説法もありました。なかにはそれらが矛盾することもあり、そういったものを一番多く聞いてきたアーナンダさんは、頭のなかでどの教えが真理であるのか、よくわからなくなってしまったのです。（お釈迦さまの教えは一見矛盾していても、どれも真実なのですけれどもネ☆）

その後、悟りをひらいたアーナンダさんは、お釈迦さま亡きあとに行われたお経の編纂会議で大活躍をしました。

そう、一番多くその教えを聞いたからこそ、「私はお釈迦さまからこう聞きました」と、後世に残すためのお経作りに欠かせない、大切な語り部となったのです。

また、「イケメン」と名高かった彼は、次から次へと言い寄ってくる女性がいたため、大変な苦労をされました。さらには、モテモテの姿を見た他の修行仲間の男性からも醜い嫉妬を受けたため、とにかく「イケメン」が修行の妨げになった人なのです。

そうそう、「女性」といえば、当時、男性しか出家を認めていなかったお釈迦さまに、「女性の出家も認めてください」とお願いしてくれたのもアーナンダさんでした。

当時のお釈迦さまは、なにもイジワルで女性の出家を禁止していたわけではなく、男性出家者が欲に負けたり、意志が弱くなったりするのを避けるため、男性だけで教団を構成していました。しかし、男女互いにしっかりと戒律を設ければ、女性が出家しても、双方大丈夫だと判断したのです。つまり、女性が出家できるようになったのも、アーナンダさんのおかげというわけです。これには、尼さんである私も感謝せずにはいられませんね♪

以上、ここまでは十大弟子といわれるお弟子さんたちを紹介させていただきました。

彼らはお釈迦さまという大宇宙のなかにそれぞれ光る十の星です。それぞれの持ち場で光り輝き人気を博したお弟子さんたち。

ぜひ、これからは彼らのことを「スター坊主」と呼んでくださいね☆

39 ナンダ（難陀《なんだ》）

「縁なき衆生は度《ど》し難《がた》し」——昔から、発心《ほっしん》のない人の心を動かすことは非常に難しいものですが、お釈迦さまはそんな「縁なき衆生」まで、巧みに導かれる方でした。

お釈迦さまの異母兄弟であるナンダさんは、あるとき、絶世の美女と結婚をしました。

すると、たまたまお城にやって来られたお釈迦さまから「ナンダよ、お前も出家しなさい」と強くすすめられてしまったのです。ナンダさん、これからいよいよ美人妻とラブラブ♡新婚生活が始まるというときでしたので、正直、気乗りはしませんでした。

ところが、お釈迦さまへの尊敬の念から、そのまま流れで出家することにしたのです。

しかし、出家したのはよいものの、確固たる意志なくその道に入ったため、修行に身が入るわけがありません。毎日、ダラダラと修行し、頭のなかはあの美人妻でいっぱいでした。

あるとき、お釈迦さまはナンダを忉利天《とうりてん》へと連れて行き、美しい天女たちを見せて問いました。「ナンダよ、あの天女たちとお前の妻は、どちらが美しい？」。

譬えはちょっと古いですが、ナンダは目を〝ハートマーク〟にしながら答えました。

「私の妻とあの天女たちでは比べ物になりません！　私の妻より何倍も美しいです！」

お釈迦さまは、よし、といわんばかりにうなずいて、

「では、修行に励みなさい。修行に励めばこの忉利天に生まれ変わることができ、そうすればあの美女たちと楽しく過ごすことができますよ」

下心、百二十パーセントのナンダさんは、ガッツリ修行に励むことになりました。

でも、お釈迦さまの教えって、こんな下世話なものでよかったのでしょうか？

読者の皆さんは少しガッカリされてしまったかもしれません。しかし、これで話が終わらないのが仏の智慧というものです。

美女に会いたいがために一生懸命修行していたナンダさん。悟りまであともう一歩というときのことです。お釈迦さまに誘われ、今度は地獄を見に行くことになりました。するとそこでは熱湯の湯釜がポコポコ。その恐ろしい場でお釈迦さまがいわれたのです。

「ナンダよ、あなたはいずれ、この地獄に堕ちるでしょう」

「な、なぜですか？ 私は忉利天に生まれるのですよね？」

「そう、あなたは忉利天に生まれ変わり、美女と戯れたあと、この地獄に堕ちるのです」

お釈迦さまのこのキツ〜イ〝シャレ〟に、すっかり改心したナンダさん。

その後は欲から離れ、まっすぐ仏道を歩むようになりましたとさ♪

40 ピンドーラ（賓頭盧《びんずる》）テヘペロな仏さま

「びんずるさん」――お寺に行くと本堂の前で出迎えてくれる仏さまがいます。
この方、もともとはお釈迦さまのお弟子さんで、「ピンドーラ」という名のお坊さんでした。

神通力をもち、法話もバツグン。どんなツッコミにも動じない布教の力をもっていたので、その強さから「獅子吼《ししく》第一」とも呼ばれました。

しかし人間、ちょっといい気になると、すぐに天狗になってしまうのが悪い癖。
実はピンドーラさん、素晴らしい神通力をもっていたがために、ついついそれを人々の前で、見せびらかすように使ってしまったのです。

そのためお釈迦さまからお叱りを受け、「お前には、最高の悟りを得て涅槃に入ることは許しません。それよりも、この世でずーっと人々を救い続けなさい」といいつけられたのです。

そこでピンドーラさん、現在では〝びんずるさんの体を撫でると病気平癒のご利益をいただける〟と噂されるほどの「なで仏」になったといいます。

ところで、このピンドーラさん、どこのお寺にもたいがい、いらっしゃる仏さんですが、その顔は赤く、舌をペロっと出しています。

これには、お酒が好きだったために酔っぱらっていてお顔が赤いという説と、お酒を飲んでいたことをお釈迦さまから叱られ、その後、改心して修行に励んだので、体にその熱意がみなぎり、赤くなっているという説があります。

いずれにしても、お釈迦さまから叱られた際に「ペロ」っと舌を出したので、このような姿になったとか。これには「ペコちゃん」もビックリ！

ピンドーラさんは元祖・テヘペロな仏さまなのです。

お釈迦さまから「本堂立ち入り禁止」を告げられたため、本堂の外にいるといわれるピンドーラさん。

しかし、どこか愛嬌のあるその顔は「人生、一度や二度の失敗なんて大丈夫」と、私たち庶民に優しく話しかけてくださっているようです。

41 チューダパンタカ（周利槃特《しゅりはんどく》）

ペコちゃんのようなピンドーラさんのあとは、漫画『天才バカボン』に登場する「レレレのおじさん」のモデルともいえる、チューダパンタカさんをご紹介いたしましょう。

二人兄弟の弟として生まれたチューダパンタカさんは、出来の良い兄とは真逆の要領の悪い、物覚えの悪い子どもでした。兄は兄で一生懸命、弟を指導しようとしましたが、なかなかどうにもなりません。そこであるとき、ついに兄は弟を見放してしまったのです。

自分の無力さに絶望しながらも、仏弟子となったチューダパンタカさん。しかし、お釈迦さまはチューダパンタカさんを決して見捨てることなく、「人それぞれにあった修行方法があり、どんな人も必ず悟りをひらける」というお考えのもと、チューダパンタカさんに「とにかくあなたは掃除に打ち込みなさい」とアドバイスをしたのでした。

要領は悪くても、素直な心をもつチューダパンタカさん。お釈迦さまにいわれたとおり「チリを払わん、垢を除かん」といいながら、せっせとお掃除に励みました。

そんなことを何年も、何十年もしているうちに、チリや垢とは、自分の欲や悪心だと肌で感じとったチューダパンタカさん。人間というものは、そういった心のチリをいつも掃除しなければならない、と気づき、掃除一筋——その道で、悟りをひらかれたのでした。

ちなみに、お釈迦さまは、最初からチューダパンタカさんがいつか悟りをひらけることをご存知でした。なぜなら、チューダパンタカさんには悟りへの道の一番の弊害でもある「思い上がりの心」がなかったからです。

かの有名なソクラテスも「無知の知」を説きましたが、自分が愚かであることを知っていたチューダパンタカさんは、「悟り」の素質を十二分にもち合わせていたということなのです。

自分の名前すら覚えられなかったというチューダパンタカさん。お釈迦さまから「覚えられないことに腐ってはいけない。覚えられなければ覚えられるようにしたらよいだけだ」といわれ、大きな板に自分の名前を書いて、それを荷って歩いたともいわれています。

さて、そんなチューダパンタカさんの死後には、お墓のまわりに不思議な草が生えたといわれています。これが、今でいう「みょうが」だそうで、「みょうが」は漢字では「茗荷」と書き、草かんむりに名を荷う、となっています。

だから今でもチューダパンタカさんにちなんで、「茗荷を食べると物忘れをする」というそうですよ☆

42 デーヴァダッタ（提婆達多《だいばだつた》）

「イエス・キリスト」がいれば裏切り者の「ユダ」がいるように、世の中には「聖」に対する「悪」が存在するものです。お釈迦さまの従兄弟で、アーナンダの兄であったデーヴァダッタは、仏弟子でありながら「極悪人」の異名をとる人物でした。

若き日のデーヴァダッタは純粋な良き修行者でした。しかしあるときから、自分はお釈迦さまと匹敵する、いや、お釈迦さまを超える人物だと慢心を起こすようになったのです。

そこで、デーヴァダッタは教団を乗っ取ろうとしたり、お釈迦さまを殺そうとしたり、ありとあらゆる悪行を繰り返しました。では、そんな彼は最期どうなったのでしょうか？

実はこれが面白いことに、ほとんどのお経で「デーヴァダッタは地獄に堕ちた」と書かれているなか、『法華経』というお経においては、「デーヴァダッタは未来の世界で悟りをひらき、如来となるであろう」と記されているのです。

というのも、お釈迦さまは驚くべきことに、「自分の過去世において、デーヴァダッタは自分の師匠であった」と告白されているのです。だから、今の自分があるのはデーヴァダッタのおかげだといわれるのですが…ハテ？　自分にしつこく嫌がらせをしていたデーヴァダッタのおかげで今の自分があるとは、いったいどういうことでしょうか。

世間では昔から、「あの人にいじめてもらったおかげで、私は強くなれました。今は感謝しています」という人がいます。こういう境地に至られた方には、ただただ頭が下がるばかりですが、実はこういった発言には、別の大きなはたらきがあるのです。

というのも、いじめていた側からすると、己がいじめていた人間からそのような言葉を受けると、否が応でも良い人間にならざるを得ないのです。賢い人は、暴力に対して暴力で返すのではなく、智慧ひとつで相手を変えてしまうのですね。

これと同様、本来なら地獄堕ちだったデーヴァダッタも、お釈迦さまから「私を成長させてくれた人」といっていただいたおかげで、悪人から如来への道がひらかれたのです。

「善」「悪」で物事を切り捨てず、「善」「不善」と考え、すべての物事を善に導かれるお釈迦さま。このデーヴァダッタとの関係にこそ、お釈迦さまの「導き」の手腕が最大に発揮されているといえるでしょう。

思い上がりの目立ちたがり屋で、アクの強い性格だったデーヴァダッタ。

しかし、お釈迦さまの手にかかれば、心のなかは、たちまちのうちに、「アク」よりも「善」が強くなってしまうのですネ☆

43　女性の出家

「出家したい」――その願いは熱心な仏教徒であれば、男女を問わず、一度は考えてみることかもしれません。これまでは、厳しい修行をしたお弟子さん、不遇の境地からお釈迦さまに出会ったお弟子さん、はたまたイケメンで苦労したアーナンダさんなどを紹介させていただきましたが、よく考えてみたら男性ばかりでした。

では、初期の仏教教団には女性のお弟子さんはいなかったのでしょうか？

いいえ、実はいたのです。しかも驚くべきことに、お釈迦さまの最初の弟子となった女性は、養母・マハープラジャーパティーさんと、妻・ヤショーダラーさんであったと伝えられています。

お釈迦さまといえば釈迦族の出身。出家前は王子様として敬われていましたが、出家後は「世尊《せそん》」として、一族からも熱心に信仰されていました。もちろん、養母や妻も例外ではありませんでした。そんな養母と妻は、いつからか出家を考えるようになりました。

しかしその当時、出家を願う女性はなにもこの二人だけではありませんでした。なんと当時のカピラヴァストゥには、他にも五百人もの女性出家希望者がいたのです。そこで養母と妻は王が亡くなると同時に意を決し、五百人の女性を連れ、お釈迦さまに出家を願い出ましたが、お釈迦さまはその願いをなかなか受け入れてはくださいませんでした。

しかし、それでへこたれるような女性たちではありません。あるとき、彼女たちはお釈迦さま一行がヴァイシャーリーの郊外にある大林精舎へいらっしゃると聞いたものですから、全員が剃髪し、衣を着てそのあとを追いかけていったのです。

五百人もの女性が剃髪し、衣を着てお釈迦さまを追いかける……想像するだけでも凄まじい光景ですが、その姿を見たアーナンダさんが、「お釈迦さま、どうか女性の出家も認めてください」と口添えをしてくれたのです。そして、尼僧が誕生しました。

現代では、アーナンダさんのように尼僧を応援してくれる、心がイケメンの男性僧侶も少なくはありません。また、信者さんのなかには、尼僧によってより多くの女性が救われるよう、お寺に金銭的な援助をしてくれる方もいらっしゃると聞きます。

ちなみに先日、私も、「女性を救うために使ってください」と匿名の寄進をいただきました。本当に有り難い寄進ですので、わが家ではこのお金にとある敬称をつけました。

そう、それは、女性僧侶によって女性を救うためのお金です。だから、ここだけの話、わが家では、これがホンマの「助成（女性）金」と、呼んでるのです（爆）。

44 戒律の数に男女の差アリ⁉

アーナンダさんの口添えによって、ついに実現した女性の出家。しかし、このときお釈迦さまが女性出家者に示したのは、三百四十八という数の戒律でした。ちなみに、男性の戒律は二百五十なので、これでは女性のほうが男性よりも百近く多い数の戒律を保つことになります。

男女の戒律に差がある…「平等」を掲げている仏教がこんなことでいいのでしょうか？

ここで私が皆さんにお伝えをしておきたいことは、この戒律の数の違いは、決して女性が劣っているとか、男性のほうが勝っているとかいうことではない、ということです。

そう、あくまでもこの数の違いは「差別」ではなく「区別」の話なのです。

というのも、もともと「差別」という言葉は仏教語で、「しゃべつ」と読み、いわゆる「区別」のことをいいました。「差別」は絶対に許されることではありませんが、「十人十色」を大切にする仏教では、まずは「違いを正しく見つめること」も悟りの道への第一歩なので、「区別」は曖昧にはしなかったのです。

そこで、女性が出家をすることになったとき、お釈迦さまは男女が互いに修行の妨げにならぬよう、戒律を設けられたのです。たとえば、ダイエットをしている友人がいるとします。その目の前でわざわざケーキを食べる人はいないでしょう。

これは一種の気遣いであり、「ケーキ」というもの自体も、「ケーキを食べる自分自身」も、なにも悪いことはありません。しかし、ダイエットをする友人の目の前でこれを食べてしまうと、それは友人の目標達成の妨げになってしまうため、その場ではケーキを食べない、という気遣いが必要になってきます。

これと同じように、男女がともに修行をするとなると、やはりどちらにも欲がありますから、互いに修行の妨げにならぬよう、相手を刺激しない気遣いが必要になってきます。

しかし、ここで、ちょっと想像してみてください。たとえば、男性も女性も、もし自分が素っ裸だった場合、目の前に異性がいたら、思わずどこかを隠すでしょう。しかし、その隠す場所というのが、男性の場合は一カ所でしょうが、女性の場合は二カ所なのです。

だから、戒律の数の違いとは、男女の優劣ではなく、こういう区別からの違いなのです。

しかし先日、講演会で、ザ・大阪のオバちゃんという、ツワモノに出会いました。

「なんやて？　女性は二カ所隠すって？　大丈夫！　私は顔を隠すだけで十分や！」

私も十年後には、こんなオバちゃんになっているかもしれません…！

45 指切り悪魔・アングリマーラ

「指切り悪魔」――こんな異名をもつ人物をご存知ですか？ 千人の人を殺し、その死体から切り取った指をつなげ、首飾りにしたという恐ろしい人物です。しかし、実はこの「指切り悪魔」ことアングリマーラも、仏弟子の一人だったのです。もともと「アヒンサー」という名前であった彼は、バラモンといわれる宗教者に師事し、聖典を学んでいました。

ある日のことです。バラモンの留守中に、その妻から誘惑を受けました。アヒンサーは「おかみさん」からの〝イケナイ誘い〟をきっぱり断ると、プライドを傷つけられた彼女は、自分で自分の服をグチャグチャにし、夫であるバラモンが帰宅すると、「あなたの留守中に、弟子のアヒンサーから襲われた」と嘘をついたのです。

怒り狂ったバラモンは、彼を貶めるため、とんでもないことをいいつけたのです。「これから千人の人を殺しなさい。そして死体から指を切り取り、首飾りを作るのです」

師弟関係というのは、師匠が「カラスは白い」といえば「カラスが白くなる」世界。従わざるを得なかったアヒンサーは、どんどんと人を殺していき、やがて「アングリマーラ（指をつないで首飾りとする者）」と呼ばれるようになったのです。

極悪非道となったアングリマーラが九百九十九人まで人を殺し、ついに千人目を殺そうとしたときです。ちょうど目の前を通りかかった千人目が、お釈迦さま、その人でした。お釈迦さまを殺そうとすると、お釈迦さまは見事に体をかわしました。イライラっとしたアングリマーラは「動くな！　止まれ！」と叫んだのです。

殺人犯からこんなことをいわれて止まる人はいませんが……お釈迦さまは答えました。

「私はすでに止まっている。私のなかの命を殺す悪心は止まっている。止まっていないのはあなただ。あなたの命を殺す心を止めなさい」

こうしてお釈迦さまはアングリマーラを改心させ、仏道へと導き、迫害を受けながらも精進したアングリマーラは、絶対に生き物の命を奪わない聖となったのです。

アングリマーラの本名である「アヒンサー」は、「不殺生」という意味。指切り悪魔から、本来の不殺生へと生き方を変えたのです。

それにしても、言い伝えでは「千人目」であったお釈迦さまの指を切ることなく改心したとありますが、やっぱり彼はお釈迦さまの指を切ったのではないかと私は考えています。

そう、その千本目に切った指とは、「もう誰も殺しません」という、お釈迦さまとの不殺生の誓いの「指切りげんまん」だったのではないでしょうか…！

46　子どもを亡くした女性の救い

お釈迦さまの「慈悲」、それはどんな悩み苦しみも必ず救ってくれるものです。

あるとき、お釈迦さまのもとをキサーゴータミーという女性が訪ねてきました。

彼女は最愛の息子を亡くしたばかりで、深い悲しみのなかにいました。そこで、お釈迦さまにすがる思いで聞いたのです。

「どうかお願いでございます。子どもを生き返らせる薬はないものでしょうか」

これは皆さまご承知のとおり、世の中には不老不死の薬はもちろん、死者を生き返らせる薬など存在しません。しかし意外にも、お釈迦さまはこう答えられたのです。

「では、あなたの息子を生き返らせてあげましょう。そのためにはケシの実が必要です。死者を一人も出したことのない家からケシの実をもらってきてください」

愛する息子を生き返らせるため、キサーゴータミーさんは走り出しました。

「あなたの家にケシの実はありませんか？」と尋ね歩きます。

すると早速、「ケシの実ならありますよ！」と答えてくれる人がありました。

そこで、「では、あなたの家は死者を出したことがありますか？　お釈迦さまから、死者を出したことのない家のケシの実をもらってくるようにいわれたのです」というと、「それは…」と、首を振るのでした。

その後も、どの家にもケシの実はありましたが、死者の出したことのない家はひとつもありませんでした。そこで初めて、キサーゴータミーさんは気づいたのです。

「愛する人を失ったことのない人はいない。私だけが死別の苦しみを味わっているわけではない」

「生老病死」──これは、私たち人間が避けては通れない道です。そして、「愛別離苦」──愛する人との別れほどつらいものはないでしょう。それでも、私たちは前を向かなければいけません。いつまでもその悲しみにしがみついていると、何も見えなくなってしまうのです。

お釈迦さまからの「酷」ともいえる導きを、しっかりと受け止めたキサーゴータミーさん。愛する者の死を受け入れた後は、たちまちのうちに悟りをひらいたといわれています。

人間は、なぜ生まれ、なぜ死んでいくのか。その答えは、ただ神や仏のみが知るところにあります。しかし、私たちは知っています。それは人間はいつか必ず死ぬということです。その苦を受け入れたとき、私たちははじめて命の大切さを知るのかもしれません。

47　貧者の一灯

「長者の万灯より貧者の一灯」――布施の実践に欠かせないお話です。

あるところに、ナンダという名の貧しい少女がいました。ナンダさんはあるとき、お釈迦さまの説法を聞き、大変感激し、「なんて素晴らしい教えだろう！　私もお釈迦さまのお役に立てることはないだろうか」と考えるようになりました。そこでナンダさんは、電気のない時代の必需品であった、灯火の「油」を布施しようと考えたのです。生活は貧しくとも、心は豊かだったのですね。

しかし、当時の油は今以上の高級品。自分の生活すらままならないナンダさんには、簡単に買えるシロモノではありませんでした。そこでふと、思い出したのです。

「そういえば以前、お前の黒髪は大変美しい、その髪を売ればお金になるだろう、といわれたことがある…これだ！」

そこで早速、大切な黒髪を売りに行ったナンダさん。手に入れたお金で油を買い、布施をしたのでした。そして、そのナンダさんの油を注いだ灯火だけは決して消えることがなかったといいます。お金持ちの百万円より、貧しい人の百円のほうが有り難いのですね。

ちなみに、布施は「お金」以外のものでもOKなのですが…。実はここだけの話、仏教は「肉食」にデリケートな宗教ではありますが、地域によっては、お寺やお坊さんに「お肉」をお布施される方もいらっしゃるのです。私も一度経験があります。以前、牧場主の方からドーンと焼肉を施されたことがありました。実はこのようにお布施されたお肉に関しては、私が意図せずして食べることになったお肉なので、食べてもよいとされています。なぜなら、ここで頑《かたく》なに「私はお坊さんですからお肉は食べません！」とお肉を残してしまうと、それこそ、そのお肉となった「命」が「無駄死に」になってしまうからです。しかし、さすがに「焼肉」にはビックリだったので、思わず牧場主さんにいいました。

「それにしても、ドーンと焼肉を施してくださるなんて、リッチですね〜！」

するとこの牧場主さん。

「リッチやなんて、とんでもない。牛はいてても生活はカツカツですわ。それでも、自分のできる範囲で最大限の施しをしたらエエと思って、コレにしたんですわ」

「それはそれは、ありがとうございます。でも、さすがに焼肉には驚きましたよ（笑）」

「団姫はん、何をいうてんねん！　これがホンマの、貧者の〝一頭〟やがな」

んな、あ・ほ・な〜！

48　鬼子母神《きしもじん》

お釈迦さまの弟子には、キサーゴータミーさんのように「子どもを失った」ことから悟りの道に入った女性もいれば、「子どもの命を奪っていた過去」から悟りの道へ入った女性も存在します。

鬼神《きじん》の妻であった鬼子母神さんは、その昔、五百人もの子どもをもつ母親でした。しかし、自分の子どもは可愛くとも、他人の子どものことなどどうでもよく、お腹が空いては人間の子どもを殺し、食べていました。

人間の母親からしてみれば、自分の子どもが殺されてしまうなど、絶対に避けたいことです。そこで母親たちはお釈迦さまに助けを求め、訴え出たのでした。

「お釈迦さま、鬼子母神が私たちの子どもを殺し、食べようとしています。どうかお助けください」

そこでお釈迦さま、鬼子母神さんを改心させるため、案を練りました。

そして、鬼子母神さんの五百人いるうちの末っ子を隠してしまったのです。

「可愛い末っ子がどこにもいない」――鬼子母神さんは半狂乱になって、そこら中を探し回りました。しかし、どれだけ探しても可愛いわが子は見つかりません。途方にくれた鬼子母神さんは、ついにお釈迦さまのもとへと行き、「私の子どもが、可愛いわが子がどこにもおりません。助けてください」と懇願したのでした。

そこでお釈迦さま、鬼子母神さんにこう説いたのです。

「わが子が可愛いのは鬼も人間も同じこと。五百人いるわが子のうちの一人がいなくなっただけでも気が狂いそうであっただろう。では、数人の子をもつ親が一人の子を亡くす悲しみはいかばかりであろうか。今のお前であれば、その気持ちがわかるのではないか」

これを聞いた鬼子母神さん、今までの自分の悪業を悔い改め、その後は子どもを守る守護神となりました。

現在、お寺などで見かける鬼子母神さんのお姿は、子どもを抱きかかえ、右手にはザクロを持っています。これは、ザクロには実や種がたくさんあることから、子孫繁栄を願ってのことだとか。少子化の昨今、ますます活躍していただきたい仏さまのひとりです。

改心した今も、「鬼」の姿のままの鬼子母神さま。

そのこころは、子どもには決して〝鬼の心〟で接するのではなく、ときには〝心を鬼にして〟接することが必要だ、と教えてくれているのではないでしょうか。

49 遊女アームラパーリー

お釈迦さまはあるとき、ヴァイシャーリーという街において、お弟子さんとともに休息をとることにしました。これを聞きつけ喜んだのは、この近くでマンゴー林を所有するアームラパーリーという女性でした。

マンゴー林の地主を務める女性ということですから、よっぽどのお金持ちでしょう。

そう、実はこのアームラパーリーさんは、このあたりでは有名な遊女、つまり今でいうところの水商売のナンバー・ワンだったのです。

容姿に恵まれ、歌も踊りもバツグン。そんな天性の才能をもつ生まれながらのナンバー・ワンだった彼女は、飛ぶ鳥を落とす勢いで人気絶頂となり、巨額の富を得ました。

しかし、このアームラパーリーさん、美しく人気者だったからといって、決して傲慢な性格ではありませんでした。彼女は、心の底からお釈迦さまの教えに帰依していたのです。

そんな彼女ですから、お釈迦さま一行が来られると知るなり、お布施をしたいと考え、早速、お釈迦さまのもとへ行き、「お釈迦さま、どうか明日、私の作る食事をお弟子さんとともに召し上がってください」と申し出たのです。

お釈迦さまはこれを受け入れることにしました。お釈迦さまに施しをさせていただける！「ＯＫ」をいただき、嬉しくて仕方がないアームラパーリーさんでしたが、その帰り道、街の権力者の男性たちに会いました。そこで彼らはいったのです。

「アームラパーリーよ、明日、お釈迦さまに食事の施しをさせていただくという機会を、どうか私たちに譲ってはくれぬか？　譲ってくれるのであれば金銀財宝をお前に与えよう」

しかし、アームラパーリーさんは、どんな金銀財宝よりもお釈迦さまへ施しをさせていただくことが最も尊いことであると知っていたため、その申し出を断りました。

そして翌日、彼女は約束どおり、たくさんの料理を作り「お・も・て・な・し」をしました。さらには、自分の所有するマンゴー林をも寄進したのです。

ちなみに、お釈迦さまは彼女からの施しを受ける際、お弟子さんたちに「いつも以上に己をよく戒めるように」と呼びかけたそうです。アームラパーリーさんにその気はなくても、修行僧の心すら惑わされてしまうような色気であったことがうかがえますネ♪

アームラパーリーさんには弥勒菩薩さんのように「○○菩薩」のような敬称はついていませんが、身も心も美しい女性であった菩薩ということで、私は勝手にアームラパーリーさんのことを「弥勒菩薩」ならぬ「魅力菩薩」と呼んでいます☆

50　アーナンダに恋慕する村娘・プラクリティ

モテる男はツライ……これは、今も昔も世の常であるといわれています。

お釈迦さまのお弟子さんのなかで、ぶっちぎりのイケメンであったアーナンダさん。

実はあるとき、マータンガ族の村娘プラクリティに一目惚れされたことがありました。

プラクリティさんは、当時のインドの身分階級では最下層とされる女性でした。

二人の接点は、アーナンダさんが托鉢をしているときのこと。

喉がカラカラに乾いていたアーナンダさんが井戸の前に坐ると、偶然、プラクリティさんがいたので、「水をいただけませんか」と頼んだのです。すると彼女は「私は身分の低い者です。そのような私があなたさまにお水を差し上げては穢れてしまうのではないでしょうか。なので、お水を差し上げることはできません」といいました。

まったくもってケシカラン話ですが、当時の身分階級というのは、こういうものだったのです。しかし、お釈迦さまから平等の教えをしっかりと聞いていたアーナンダさんが、そんなことを厭うはずがありません。有り難く、お水をいただいたのでした。

顔も心もイケメンのアーナンダさんにすっかり心を奪われてしまったプラクリティさん。

彼女の恋心は増すばかりで、気がつけば頭のなかはアーナンダさんでいっぱいでした。

次第にアーナンダさんを夫にしたいと考えるようになったプラクリティさん。しかし、アーナンダさんは出家の身です。禁断の恋でしたが、人間、ダメといわれれば余計に燃え上がるもの。なんとしてでもアーナンダさんを自分のものにしたい、と考えたのでした。

そこである日のこと、プラクリティさんは魔術師であった母親に頼み込み、アーナンダさんに魔法をかけてもらうことにしました。アーナンダさん、惚れ薬のようなものを飲まされたのか、この母娘によって修行を妨げられるようになりました。

結果、困り果ててお釈迦さまに魔法を解いてもらいましたが、それでもプラクリティさんはアーナンダさんのことを諦めきれませんでした。お釈迦さまはプラクリティさんを呼び出し、諭しました。「あなたの好きなアーナンダの目や耳、口といった顔は、いつか衰え行くものです。それを愛することは虚しいことですよ」。

これを聞いたプラクリティさんはお釈迦さまの弟子となり、心穏やかに悟りました。

プラクリティさんの母親から魔法をかけられ、仏弟子としてピンチを味わったアーナンダさんでしたが、アーナンダさんも、イケメンがゆえに、意図せずしてプラクリティさんに恋の魔法をかけてしまっていたようです☆

51 舎衛城《しゃえいじょう》の奇跡

お釈迦さまの生きておられた時代は、多くの思想・宗教が存在する、「宗教戦国期」であったことは、すでに述べました。

しかし、そんな時代であったからこそ、布教にもやり甲斐があるというもので、お釈迦さまにはいくつもの伝説が残っています。

そのひとつが、「舎衛城の奇跡」といわれる「千仏化現《せんぶつけげん》」や「双神変《そうじんぺん》」です。

「舎衛城の奇跡」とは「お釈迦さまが異教徒を改宗させるために見せた奇跡」のことをいいますが、「異教徒を改宗させる」という表現は、包容力のある〝やさしい仏教〟には少し似つかわしくない言葉のような気もします。

しかし当時の宗教戦国期には、トンデモナイ思想や宗教もありましたので、お釈迦さまにとっては、人々を思う気持ちから、なんとしてでも改宗させなければいけない人が存在したのです。

そんなわけで、人々に改宗を促すための奇跡でしたが、なかでも「千仏化現」とは、異教徒たちの目の前で、次から次へと化仏《けぶつ》（仏さまが人々を救うためにいろいろな姿で現れるという化身《けしん》）を生み出したという奇跡です。

忍者もビックリな「分身の術」をはるかに超える奇跡。

しかもその化仏からは火や水を噴出させたというのですから、仏教版・エレクトリカルパレードともいえるでしょう。

また「双神変」とは、頭から炎を出し、足から水を出すという化仏のことをいいます。仏教では「火」と「水」、またそれを中和させることを非常に大切にしますので、双神変にはそのようなメッセージも込められているのかもしれません。

そのほか、「燃肩仏《ねんけんぶつ》」といわれる化仏は、肩から炎が出ている様子を表しています。

このようなさまざまな「奇跡」を目の当たりにした異教徒たちは、次々に仏教へと改宗していきました。

神通力を見せびらかすことを良しとしない仏教ですが、このような奇跡の連続で人々の心を動かすということは、お釈迦さまのひとつの方便であったともいえるでしょう。

仏教美術の分野では、これらの奇跡をモチーフにしたものが多く見られ、現代でも、インドやパキスタンにはそのようなものが多く残されているということです。

ぜひ一度、現地へ行って、「遺跡」となった「奇跡」の様子を見てみたいものですね♪

コラム⑥…竹林精舎《ちくりんしょうじゃ》

お釈迦さまに帰依しながらも、悪心を起こしたことからナントモ哀しい結末を迎えてしまったビンビサーラ王。しかしその生前、仏教信者としてお釈迦さまに多くの施しをするという一面もありました。なかでも特筆すべきは仏教界初の寺院、「竹林精舎」です。

ここはもともとビンビサーラ王の住む「王舎城」のなかにある竹園でした。

そして、この地に王が「伽藍《がらん》」といわれるお堂を建てたため、仏教界初の「お寺」が誕生したのです。

お釈迦さまがその生涯のなかで最も長く説法をされたともいわれる場所、竹林精舎。現在も、仏教聖地として日々多くの仏教徒たちが訪れていますので、私自身もぜひ一度行ってみたい場所のひとつです。

ちなみに、実際にここへ行ったことのある方からのプチ情報では、少しいったところに「温泉精舎」といわれる、温泉に入れるお寺もあるとか♪

お釈迦さまの軌跡を辿りながら温泉に入ったら、思わず「極楽〜♪ 極楽♪」とい

ってしまいそうですネ☆

コラム⑦…お盆の由来は目連さんにアリ！

日本人にとって馴染み深い「お盆」。実は目連さんに由来するものです。

「神通第一」の目連さんは、あるとき、亡き母に思いを巡らせました。そこで、母がいるであろう極楽をのぞいてみると、愛する母は極楽にいるどころか、餓鬼道《がきどう》へ堕《お》ち、苦しんでいたのです。目連さんは大急ぎで食べ物を施しましたが、食べ物は悉《ことごと》く燃え上がり、それを食べさせることはできませんでした。そこで目連さんは師のもとへと急ぎ、懇願したのです。

「お釈迦さま、どうか私の母親をお救いください」

するとお釈迦さまは目連さんの母親の因縁を説いたあと、このようにいわれました。

「夏の修行を終えた僧侶に、食べ物、飲み物を施しなさい。その功徳はめぐりめぐってあなたの母を餓鬼道の苦しみから救うでしょう」

いわれたとおりにこれを行うと、無事に母親は餓鬼道から救われたのでした。

僧侶をはじめ、世界中のあらゆる人に食べ物を施す気持ち――これが自分の先祖を供養することにつながります。生かされている命、つながっている命を実感しながら、毎年の「お盆」を大切に過ごしたいものですネ！

コラム⑧…身分の慢心を捨てる

アニルッダとウパーリ。実はこの二人の出家の順番には非常に大きな意味があります。

実は、アニルッダは六人で出家する際、身分のいちばん低いウパーリから弟子にしてもらうよう、お釈迦さまに頼みました。

これはどこの世界でも同じことですが、昔から「一日でも早く入門した者が先輩で、深く敬うこと」は大切です。

アニルッダは、この制度をも己の修行とできるように、自分たちより身分の低いウパーリを兄弟子に据えようと考えたのです。

このようにしてウパーリは六人よりも兄弟子になり、本来、自分たちより身分が低かったウパーリを敬うことによって、アニルッダをはじめとする六人は、身分や驕り、慢心を捨て、仏教の真の「平等」の精神を体得することができたのです。

もちろん、お釈迦さまもこの姿勢には大変感心されました。

高い身分に生まれても、捨てなければいけない慢心があり、低い身分に生まれても、逆境に負けない根性がいる。しかし、そういうことも全部、ぜーんぶひっくるめて、仏教は、どんなスタート地点からでも、すべての人を幸せへと導くのです。

コラム⑨…母のための説法

お釈迦さまと女性――この関係を知る上で多くの人物が登場しましたが、なかでも養母と妻がお釈迦さまの教えを聞き、弟子になったのは印象的なエピソードでした。

では、お釈迦さまを出産した七日後に亡くなられた実母・マーヤー妃は、その教えを聞くことはできなかったのでしょうか？

実は、とあるお経のなかに、お釈迦さまと実母・マーヤー妃の死後のことが描かれています。お経によると、死後、マーヤー妃は忉利天という天界に昇り、天人となりました。

そんな母に教えを説くため、お釈迦さまはある夏のこと、三カ月にわたって忉利天へ昇り、母のために教えを説かれたのだといいます。

その後、人間界から「お釈迦さま、そろそろこちらでも説法をお願いします」と連絡がきたものですから、要請から七日後、お釈迦さまは人間界へと帰っていかれたのです。

母親の気持ちとしては、愛するわが子とずっと天界にいたかったかもしれませんが、わが子の活躍こそ、親として何よりの喜びです。マーヤー妃は「可愛い子には旅をさせよ」――そんな気持ちで、お釈迦さまを再び人間界へと返されたのではないでしょうか。

大いなる宇宙の営みのなかでいただける仏縁。だからこそ、マーヤー妃とお釈迦さまの親子の縁も、どこにいようと、その命が尽きようとも、永遠に続いていくものなのです。

第4章

お釈迦さまの教え

52 初転法輪《しょてんぼうりん》 五人に教えを説く

ここからは、お釈迦さまの説法の内容と、仏教のいくつかのキーワードについて、わかりやすく解説していきたいと思います。

その前に、まず皆さんにおさらいしていただきたいのが「初転法輪」です。

これは、お釈迦さまが悟りをひらかれて、はじめて説法されたことを指す言葉ですが、なぜ、初転法輪というのでしょうか？ ひとつずつ紐解いていきましょう。

まず、「法輪」とは仏法そのもののことです。

由来は、当時のインドの王様が持っていた円盤形の武器で、王様はこの円盤形の武器を転がし、自由自在に操ることによって、あらゆる敵を撃破していました。

そこから、お釈迦さまの教えもあらゆる迷いを打ち破り、どんどんと広がっていくよう、「法輪」が「仏法そのもの」を表すようになり、シンボルマークとなったのです。

そうすると、今度はこの「法輪」を「誰」が「転がす」のでしょうか？

そう、それはお釈迦さまに他なりません。だから「転法輪」は「お釈迦さまが説法をされること」を指すのです。

そんな「転法輪」にも「初めて」がありましたので、その歴史的瞬間を「初」「転」「法輪」と呼ぶようになりました。

では、「初転法輪」の概要をあらためて見てみましょう。

まず、初転法輪が行われたのは、お釈迦さまが悟りをひらかれた三十五歳のときでした。鹿野苑《ろくやおん》において行われ、説法の対象としたのは、以前、一緒に苦行を行っていた五人の修行者たちでした。しかし彼らからすると、お釈迦さまは当初、「苦行を放り出したシッダールタ」でしたので、彼らはそのシッダールタの話など聞く気すらなかったのです。

ところが、久々に姿を現したお釈迦さまの放つオーラに、彼らは思わず背筋を正し、話を聞いてみようと思い直したのでした。そして、彼らは次々と悟りをひらいていくことになったのです。また、このとき五人の他にも鹿さんがいっぱいいましたので、ラッキーな鹿さんはお釈迦さまの初転法輪を拝聴することができました。

では、ここでお釈迦さまがお話しになった内容とは……？

それこそが、これからご紹介させていただく、「中道《ちゅうどう》」や「四聖諦《ししょうたい》」、「八正道《はっしょうどう》」や「四苦八苦《しくはっく》」という、仏教の基礎となるシンプルな教えです。

では早速、お釈迦さまが説かれた教えを学んでいきましょう！

53　中道《ちゅうどう》

お釈迦さまは「初転法輪」において、五人の修行者たちに最初に説いた教えがあります。

それが、ここでご紹介する「中道」という教えでした。お釈迦さまはいわれました。

「修行者たちよ、悟りを得るためには近づいてはならない二つの極端なものがある。その両極端なものから離れなければならない」

〝二つの極端〟から離れる。その二つとは、

①愛欲や快楽

②肉体を追い詰めるような苦行

ということでした。

お釈迦さまは、このような極端なものから離れて、「中道」を行くことをすすめられたのです。「中道」とは、「とらわれを離れ、きびしく公平に現実を見極め、正しい判断・行動をなすこと」を指します。

たとえば、お釈迦さまは「中道」のことを、このように表現されています。

「琴の弦は、締めすぎても、緩めすぎても良い音はしません。ほどよく締められてこそ、

良い音が出るものなのです。修行者の精進もそうあらねばなりません」

近年、「ワークライフバランス」という言葉を耳にするようになりました。

「仕事」ばっかりの人、「プライベート」ばっかりの人、どちらに「どっぷり」すぎても、その弦はあるときプツンと切れてしまいます。

しかし、人生を謳歌している人は違います。「仕事」と「プライベート」を自分の心と体の状態に合わせ、うまく振り分けているからこそ、そのどちらをも楽しむことができるのです。極端すぎないから、「幸せ上手」なのでしょう。

また、これは国家単位でもいえる話です。「働き方改革」といわれる現代においては、「過労」と「ニート」と呼ばれる人の数が極端に多いとされています。その両極端を脱すれば、人々の生き方も変わってくるのではないでしょうか。

仏教の普遍的なスローガン、「中道」。

私の属する天台宗の総本山・比叡山延暦寺には百五十のお堂が存在し、いちばん中心となっているお堂を根本中堂《こんぽんちゅうどう》といいます。今まで、なぜ「大堂」ではないのかと疑問に思っていましたが、もしかするとこれは「仏教の〝根本〟は〝中道〟ですよ」という、仏さまからのメッセージなのかもしれませんネ☆

54 四《し》諦《たい》

「ものごとを段階的に考える」――頭の良い人はよくこんなことをいいます。

仏教は、あらゆるものは「苦」であるという発見、そしてその「苦」から目を背けず、受け入れることができれば「苦は苦でなくなる」という考え方からスタートしました。

ここでは、「四諦」と呼ばれる、「苦」を「段階的に考える」教えを見てみましょう。

…と、その前に、まずは仏教における「諦」について知っていただきたいと思います。

「諦」とは、皆さまよくご存知の「あきらめる」という漢字です。しかし、仏教ではこの漢字を「あきらかにする」という意味で使います。

つまり、これはどういうことかといいますと、仏教における「諦」とは、「ものごとを断念する」という意味ではなく、「ものごとの本質をあきらかにする」という意味なのです。そういったことを踏まえて、以下の「四諦」を見てください。
①苦諦《くたい》…この世は苦であるということ。
②集諦《じったい》…苦の原因は人間の執着にあるということ。
③滅諦《めったい》…執着を捨てれば苦から解放されるということ。

④道諦《どうたい》…執着を捨てるには「八正道」を実践すること。

まず一つ目の「苦諦」は、「苦」をあきらかにしています。世の中は大変楽しいところですが、私たちには常に「生老病死」の不安と苦しみが付きまとっています。だから、悲観的な意味ではなく、まずは「この世は苦である」と受け入れることが大切なのです。

二つ目の「集諦」は「苦」の原因について追究しています。その原因は「執着である」ということ。「美しくなりたい」という「執着」から「美しくなれない」という「苦」が生まれます。すべての苦の出発点は、執着なのです。

「滅諦」は「苦の原因である執着を捨てなさい」とバッサリです。しかし、なかなか「執着」を捨てられないのが人間です。そのためにはどうしたらよいのか…？

それを「道諦」があきらかにしているのです。では、その方法とは…？

それが、「八正道」を実践しなさい、ということなのです。

お釈迦さまは、トコトン私たちにお付き合いくださる魂の指導者です。

私たちが生きていくうえで常に抱く「では、そのためにはどうしたらよいのか？」という疑問——この答えを、そのつどそのつど、段階的にしっかりと示してくださいます。

次の項目では、「執着」から離れるための具体策、「八正道」を見てみましょう。

55 八正道《はっしょうどう》

執着から離れ、苦で苦しまないための方法「八正道」。

これは、簡単にいえば「八つの正しい生活態度」のことです。

「〝生活態度〟だなんて、〝仏の教え〟どころか、〝学校の校則〟みたい！」と思わずツッコミを入れたくなる方もいらっしゃるかもしれませんが、生活を整えることこそ、心を整える基本なのです。では、早速、見ていきましょう。

①正見《しょうけん》……正しくものごとを見ること。偏ったものの見方をしないこと。

②正思惟《しょうしゆい》…正しく考えること。自己中心的な考えを捨てること。

③正語《しょうご》……正しい言葉を使うこと。嘘や無駄話、人を惑わすような言葉や悪口はＮＧ！

④正業《しょうごう》……正しい行いをすること。清く正しく美しく！

⑤正　命《しょうみょう》…正しく生活すること。規則正しい健全な生活を送り人に迷惑をかけないこと。

⑥正　精進《しょうしょうじん》…正しく努力すること。

⑦正念《しょうねん》……常に真理を求める心を忘れないこと。

⑧正　定《しょうじょう》……常に精神を統一し、心を安定させること。迷いのない境地。

以上が、「八正道」の教えです。

これは、小学生でもわかるような教えですが、私たちはこの「人間として当たり前のこと」を、頭では理解できても、なかなか実践できない生き物です。

特に、大人になると厄介です。社会経験を積めば積むほど、「言い訳」ばかりが上手くなるものですから、自分でも無意識のうちに自己中心的な偏った考え方になりがちです。己の生き方に言い訳をしたくないのであれば、今一度、いえ、常に、自分の心の在り方、生活態度を見直す必要があるのだと、お釈迦さまはいわれているのです。

ちなみに、お坊さんの修行はまさにこの「八正道」を基本としています。規則正しい生活を送り、正しい言葉遣いと行動をすること。ここから修行が始まります。

また、お坊さんの世界とは正反対の「塀の中」でも同じことです。悪いことをした人も、塀の中で規則正しい生活を送ってこそ、己を省みることができるのです。

「八」は古来より「末広がり」といわれる大変縁起の良い数字。

「八つの正しい行い」である「八正道」は、自らを悟りへと導き、他者の笑顔となり、ゆくゆくは世界を平和にする「ハッピー道」なのですネ☆

56 三法印《さんぼういん》・四法印《しほういん》

ここでは、仏教の根本原理といえる「三法印」をご紹介いたします。

「三法印」とは「諸行無常《しょぎょうむじょう》」「諸法無我《しょほうむが》」「涅槃寂静《ねはんじゃくじょう》」の三つの教えのことで、ここに「一切皆苦《いっさいかいく》（すべてのものは苦しみである）」という教えを加え、「四法印」と呼ぶこともあります。それぞれの意味をひとつずつ紐解いていきましょう。

まず、「諸行無常」は「常なるものは何もない」ということです。

これは、世の中のすべてのものは移ろいゆくものである、という意味で、「美人もいつかはシワシワのおばあちゃんになる」「永遠の愛を誓った二人でも、三年後には泥沼の離婚騒動を起こすこともある」と、皆さんもよーくご存知のように、命も、人の心も、すべてのものは変化していくということです。

続いての「諸法無我」は、「諸行無常」の延長線上にある教えです。

「私」という存在ですら、昨日と今日では気持ちも体も違います。まったく同じ「私」ではありません。つまり、「私」といえど定まった形は存在しないので、それは「私」であって「私」ではない、というのです。

なかなかわかりづらい教えではありますが、結局は「自分」とか「私」に執着をしてはいけないということなのです。

たとえば、落語家には「古典落語しかやらない」という人がいます。しかし、あるときを境に「新作落語もやってみようかな」と思ったりもします。このとき、思い切って新作落語をやってみると、意外にもしっくりきて、新しい道をひらく人も数多くいます。

しかし、「私」に執着し過ぎている人は、この思い切りがつきません。

なぜなら「〝私〟は古典落語以外やらない〝主義〟なのだから、新作落語はやってはならない」と、自分自身を勝手に縛り付けてしまっているからです。

こういうタイプの人は新しい可能性をどんどん無駄にしてしまいます。だからこそ、「変わっていく自分」を受け入れ、「人間て、そういうものなのだ」と気軽にとらえられる人のほうが、よっぽど生き方上手ということなのです。

「涅槃寂静」は「諸行無常」と「諸法無我」を受け入れることによって、執着のない、心安らかな境地に入ることです。これが、仏教の「目標地点」といわれています。

では、そのような安らかな境地になれない場合、私たちの心にはどのようなことが起こるのでしょうか？　それが、次にご紹介させていただく「四苦八苦《しくはっく》」です。

57 四苦八苦《しくはっく》

「四苦八苦」――この言葉を聞くと、即座に「もがき苦しむ」姿を想像してしまいます。

誰でも知っている、いまや定番の「日本語」となった「四苦八苦」ですが、もともとは仏教語でした。まず、四苦とは「①生《しょう》、②老《ろう》、③病《びょう》、④死《し》」の四つを指し、ここに以下の四つを加えたものを「八苦」と呼びます。

⑤愛別離苦《あいべつりく》…愛する人と別れる苦しみ
⑥怨憎会苦《おんぞうえく》…嫌いな人と会う苦しみ
⑦求不得苦《ぐふとくく》…求めるものが得られない苦しみ
⑧五蘊盛苦《ごうんじょうく》…心と体が思うようにならない苦しみ

単なる「苦しみ」というより、「思い通りにならないこと」という表現のほうが、しっくりくるかもしれません。

まず「愛別離苦」ですが、人間はご縁のなかで生かされているわけですから、出会いもあれば別れもあります。でも、そんなことはわかっていても、別れとは本当につらいものですね。

「怨憎会苦」もそうです。世の中、自分の思う通りにいくことばかりではありませんので、どんな場所にいても必ず嫌な「アイツ」は現れます。

しかし、いざそういう相手と出会ったときに、自分の心をどう切り替え、どう行動していくかが仏教の教えでもあるのです。

子どもを見ているとヒシヒシと感じる「求不得苦」。おもちゃ屋で床に寝転がり駄々をこねる姿は、まさに「得られない苦しみ」です。

子どもには難しいかもわかりませんが、私たち人間は「欲しい」の塊のようなものですから、やはり「欲」から離れることが、苦しみからの解放へとつながるのでしょう。

「五蘊盛苦」も納得です。先日、西国巡礼をさせていただいた際に足がガクガクになり、思わず詠んだ川柳が《本気です　体がついて　こないだけ》でした。

肉体をもつがために味わう「生」「老」「病」「死」の四苦。

そして、精神をもつがために味わう「愛別離苦」「怨憎会苦」「求不得苦」「五蘊盛苦」。

私たちは結局、「苦」から逃れることはできません。

しかし、仏教を学び続けること、そして信心をもち続けることが、「苦」を「苦」と感じさせない智慧を与えてくれるのです。

58 縁起《えんぎ》

「茶柱が立つと縁起が良い」「霊柩車だなんて縁起が悪い」―私たち日本人は「縁起」というものを非常に大切にする民族です。しかし、もともとの仏教語としての「縁起」とは、「他との関係が縁となって生起する結果」をいいました。というのも、お釈迦さまが初期の段階で説かれた「縁起」とは、以下のような教えだったからです。

煩悩があれば苦がある、煩悩がなければ苦はない。
煩悩が生ずれば苦が生じる、煩悩が滅すれば苦が滅する。

つまり、本来の「縁起」とは、あらゆる条件によって生まれる「因果関係」のことを表していたのです。もっと柔らかくいえば、「私たちはいろいろなご縁のなかで生かされている」「すべてのものはつながっている」ということになりますね。
こういったことからおわかりのように、現在、当たり前のように使われている「縁起が良い」とか「縁起が悪い」という言い方は〝自分本位の考え方〟であって、縁とは無縁の使い方なのです。

しかし、後世になると、お寺の由縁を表す言葉や、吉凶を表す言葉となったのでした。

たとえば、茶柱ひとつにしてもそうです。茶柱が立つまでにも、いろいろな「縁」があります。茶葉が育つ環境、栽培する農家の方、出荷・運送に携わる人、販売店、そして消費者。さらには、そうした茶葉でお茶を入れるためにも、急須の原料となる土、急須を形作る職人さん、と、数えきれないほどの「縁」という「条件」によって、私たちは「お茶をいただく」ことができるのです。

そして、最終的には、これまたお茶を入れるときの「縁」によって、「茶柱が立つ」ことになります。だから、「茶柱が立つ」のは「縁起が良い」ことでも「悪い」ことでもなく、あらゆるご縁の結果が「茶柱が立つ」ことであり、それ自体を「縁起」というのです。

ちなみに、私たち落語家も「笑う門には福来たる」ということで、いわゆる「縁起ものの商売といわれてきました。

檜舞台の上で個性を発揮し、いかに面白おかしく表現するかが決め手の落語。

「縁起が良い」という言い方は間違っているとはわかった今は、せめて「演技が良い」といわれるように頑張りたいものです☆

59 三毒《さんどく》

大晦日、厳かに響き渡る除夜の鐘。この鐘の音は人間の煩悩を滅するといいます。

そして、「煩悩」といえば「百八」、というのは今や常識。しかし、この「百八」とは実際の数ではなく、「数えきれないほど多い」という意味での「百八」だといいます。

その代表的な煩悩には、「食欲」や「睡眠欲」、はたまた「性欲」といったものがありますが、お釈迦さまは「煩悩」こそが人間の苦しみの原因であることを解き明かされました。

では、その困った「煩悩」の根本には、いったい何があるのでしょうか？

それが、「三毒」といわれる「貪《とん》・瞋《じん》・痴《ち》」の三つの毒だといわれています。

①貪…むさぼりの心

②瞋…怒りの心

③痴…おろかしい心

まず、「貪」は「むさぼりの心」ですが、自分自身でこれほど嫌になる欲はありません。「もっと食べたい、もっと寝ていたい」…消しても消しても、この欲は湧いてきます。

「怒りの心」である「瞋」も、なかなかコントロールのできない恐ろしい毒です。自己中心的な「怒り」は、自分も周りも、だーれも幸せにしません。〝怒りは心の無駄遣い〟ともいわれますが、これほど生産性のない毒は他にありません。

「痴」は「おろかしい心」ですが、私たちは不満を抱けば、結果、愚痴となって出てきます。不満を抱かないようにするためには「足るを知る心」を養い、何事にも感謝のできる心の習慣を身につけねばなりません。

知れば知るほど人間の愚かさ、醜さを目の当たりにさせる「三毒」の教え。しかし、ここで諦めてはいけません。そう、私たちは自分の心の毒に気がつくことから、心のデトックス（解毒）の第一歩を踏み出せるのです。人間として生まれた以上、欲を完全に断ち切ることはできません。ただ、最小限に抑えることはできるので、そのためにも、お釈迦さまは私たちに、「日々精進」をすすめられているのです。

私自身も日頃の生活を振り返ってみますと、本当に些細なことで夫に怒っては毒を吐いています。しかし、これも自分の心に毒があるからこそ起こることなので、まずは自分の心から毒をなくさなければなりません。…とはいうものの！　現実的に考えてみると、私自身から完全に毒気がなくなる日が来るとしたら、それはそれで落語家として面白くなくなってしまいます。だからどうか高座の上だけは、「毒」を吐くのを許してくださいね☆

60　毒矢《どくや》の喩《たと》え

「なぜ人を殺してはいけないのですか？」——小学生からこう聞かれたら、大人はどのように答えたらよいのか、一時期、話題になったことがありました。

かくいう私もお坊さんでありながら、この質問にはただただ「とにかく、殺したらいけない」としか答えることができません。もちろん、「自分がされて嫌なことは人にはしたらいけません」などと、お決まりの返事をすることはできるかもしれませんが、すべての人を納得させるだけの理屈を私はもち合わせていないのです。

では、仏教は「理屈」をどう考えるのでしょうか？

ここで、八万四千通りといわれる仏教の教えのなかで、最も有名な「毒矢の喩え」を見てみましょう。

あるとき、お釈迦さまは理屈ばかりこねるお弟子さんに、このようにいわれました。

「たとえば、ある人が毒矢に射られたとします。家族や友人は急いで医者を呼び、早く矢を抜くように頼むでしょう。しかし、ここで射られた本人が、『矢を射た人物はどんな身分なのか？　名前は何か？　どんな体格か？　肌は何色か？　住まいはどこか？　それがわからないうちは体から矢を抜かない』といえば、どうなるでしょうか。また、『弓はどんな弓だったのか？　弦は何でできているのか？　羽はどんなものか？　それがわからないうちは体から矢を抜かない』といえば、どうなるでしょうか。その人は、それを知らないうちに死んでしまうでしょう」

私たちは、何でもかんでも「理由」を求めたがる、理屈っぽい生き物です。しかし、愛する人への「愛」に理由はないように、世の中には「理屈」では説明できないものもたくさんあります。

人生八十年、理屈をこねているヒマなどありません。限られた時間のなかで、自分の持ち場で、いかにベストを尽くすか。そのためには、思い立ったが吉日で、自分の心に素直になって、ただただ「善」へ向かっていくしかないのです。

悟りへ至るための道に必要なのは、ひたすらお釈迦さまを信じる気持ちと、その教えの実践です。

結局は、「理屈」をこねるのは時間の無駄であって、悟りの道への足かせになるとお釈迦さまはいわれているのです。

最も有名な「毒矢の喩え」。「矢」であるだけに、まさに「的を射た」譬え話でしたネ☆

61 無《む》記《き》

「毒矢の喩え」は、理屈をこねるのは悟りの道への遠回りである、というお話でした。

だからこそ仏教は、理屈をこねるよりも、「悪いことはせず、善いことをどんどんしましょう」という「実践のススメ」を基本としています。

しかし、世の中には「善」とも「悪」とも、どちらともいえないものがありますが、仏教ではこれをどう考えるのでしょうか？　それが、「無記」です。仏教では、「記」という漢字がよく用いられますが、これは何かを「決定する」という意味です。

「無記」はその逆ですから、「決定できないもの」ということになりますね。

かといって、「善」「悪」の「中間」という意味ではありません。

たとえば、お釈迦さまに寄せられた質問には、こんなものがありました。

「生き物の『魂』と『肉体』は同一のものでしょうか？　それとも、『魂』と『肉体』は別のものでしょうか？」

いわゆる、形《けい》而上《じじょう》学《がく》的なお話です。しかし、「魂」というものは、背中にチャックが付いていて中を開けたら見えるというモノでもありませんので、「議論」はできても「答え」

は出ません。だから、結局はそのような議論は無意味で、それよりも他にやるべきことがあるだろうということになるのです。

ところで、世の中には「カウンセラー」という仕事がありますが、この仕事の根源的なルールは「話を聞く」ことであって、「答えを出す」ことではない、といいます。

カウンセラーは、相談者から自分の心の声を吐き出してもらい、心の整理のお手伝いをします。つまり、相談者が置かれた状況を変えることはできませんが、その状況のなかで、いかに「心を前向きにするか」をサポートするのが、カウンセラーの仕事なのです。

私は、お釈迦さまもある意味では「最高のカウンセラー」だと思っていますが、お釈迦さまの「無記」もこれと同じではないでしょうか。

議論をしてもどうにもならないことは追究する必要すらありませんし、善悪を決めることもできません。だからこそ、お釈迦さまはこのような世の中で、私たちが「どのような心持ちで生きるべきなのか」を教えてくださるのです。

「誰にもわからないことを〝ムキ〟になって追究しても意味がない」――これが「無記」の教えなのですネ!

62 三宝《さんぼう》

「ブッポウソウ」という鳥がいます。これは仏教の「仏法僧」に由来する言葉です。

仏教では、この「仏法僧」のことを「三宝」といいますが、お釈迦さまは私たち仏教徒に「三つの宝に帰依しましょう」と教えられました。

その三つの宝とは、次のものを指しています。

①仏…仏さま　②法…仏さまの教え　③僧…仏教徒の仲間たち

これは、簡単にいえば仏教徒としての心構えのようなものです。

まずは「仏」。仏さまに帰依するのは基本中の基本です。「南無《なむ》」という言葉は「帰依します」という意味ですから、「南無釈迦牟尼仏」であれば、「お釈迦さまに帰依します」、「南無阿弥陀仏」であれば「阿弥陀さまに帰依します」ということになります。

また、「帰依します」ということは「お任せします」という意味でもあるので、結果、私たちは仏さまの胸に飛び込み、その掌に深く抱いていただけるのです。

「教え」もやはり大切です。お題目といわれる「南無妙法蓮華経」は、「法華経というお経に帰依します」ということです。これは、お釈迦さまが「私よりも、私がすすめるこのお経に帰依しなさい」といわれたため、「南無妙法蓮華経」とお唱えされるようになりました。教えに帰依することは、お釈迦さまに帰依することと同じなのです。

そして「仏教徒の仲間たち」ですが、これは、「あらゆるご縁のなかにこそ修行がある」という意味ではないでしょうか。

お釈迦さまは、先にあげた『法華経』というお経のなかで、ご自身の修行を妨害した人間まで「この人のおかげで私があります」といわれました。

私たちは、気の合う人間はもちろんですが、なかなか気の合わない人間でも同じく仏教徒としてご縁をいただいています。

どんな人間とのご縁も自分の成長に変える、それでこそ仏教徒なのです。

だから、仲間を尊敬し、仲間を大切にしなければいけないのですね。

「仏法僧」の「三宝」に帰依することは、仏教徒の絶対条件です。

昨年は、ピコ太郎さんの「ＰＰＡＰ」が世界的大ブレークとなりました。

私たち仏教徒は、お釈迦さまの「智慧」という「ペン」を持っています。

そして、心はいつも「アイ・ハブ・ア・三宝」でいなさいと、お釈迦さまは教えてくださっているのです☆

63 五戒《ごかい》・十戒《じっかい》

己を律する、己を戒める――ストイックな生き方、また目標達成のために欠かせないのが「戒め」といわれるものです。

お釈迦さまは、私たち仏弟子にさまざまな「戒」を示されました。

なかでも基本となる「戒」が「五戒」ないし「十戒」と呼ばれるものです。

まずは、「五戒」を見てみましょう。

①不殺生《ふせっしょう》…殺さない
②不偸盗《ふちゅうとう》…盗まない
③不邪淫《ふじゃいん》…男女の道を外さない
④不妄語《ふもうご》…嘘をつかない
⑤不飲酒《ふおんじゅ》…お酒を飲まない

幼稚園児でもわかるようなことばかりですが、特に、「不飲酒」が最後にきている理由は、お酒に酔うと心のセーブがきかなくなり、①～④の戒を犯しやすくなるためだといわれています。では、お酒に「酔」わなければ「飲」んでもいいのでしょうか…？

こんなことばかりいっているから、いつも師匠に叱られてばかりなのですね。反省です。

「十戒」は、五戒に以下の五つをプラスしたものです。

⑥不塗飾香鬘《ふずじきこうまん》…香水や装飾品を身に着けてはいけない
⑦不歌舞観聴《ふかぶかんちょう》…音楽や踊りを鑑賞してはいけない
⑧不坐高広大牀《ふざこうこうだいしょう》…膝よりも高いベッドで寝てはならない
⑨不非時食《ふひじしき》…食事は一日二回でなければならない
⑩不蓄金銀宝《ふちくこんごんほう》…資産を所有してはならない

こちらはどれもハードルの高い「戒」ですが、このような慎ましい生き方こそが、幸せになる秘訣ということなのでしょう。

現代を生きる私たちにとって、これをすべて実行するのはなかなか難しいことですが、それでも、このような姿を目指し努力することが、なによりの修行なのです。

「戒め」を守ることができれば、人生という大海を見事に切り開けることでしょう。

「え？　それは何か違う」って？

…確かに、海を切り開くのは、キリスト教の「モーゼの十戒」でしたね。

「五戒」ならぬ「誤解」を招き、これはこれは、大変失礼いたしました☆

64 三明六通《さんみょうろくつう》

お釈迦さまを知るうえで欠かせないキーワードである「神通力《じんずうりき》」。

いわゆる「超能力」のことをいいますが、なかでも代表的なものが六つあります。

①神足通《じんそく》…行きたい場所へ自由に行ける神通力
②天眼通《てんげん》…自分や他人の未来を見通す神通力
③天耳通《てんに》…常人では聞こえない音を聞く神通力
④他心通《たしん》…他人の心を読む神通力
⑤宿命《しゅくみょう》通…自分や他人の過去世を知る神通力
⑥漏尽《ろじん》通…煩悩を滅し悟りの境地に至る神通力

以上の六つは「六神通」と呼ばれ、特に「宿命通」「天眼通」「漏尽通」の三つは「三明」といい、とても重要な神通力です。

しかし、世の中にはこのような「神通力」を不可解に思われる方もいるようです。

なぜなら、仏教は「哲学の宗教」ともいわれ、基本的には非常に現実的な宗教なので、こういった非現実的な教えを聞くと、信仰に疑念を感じてしまう人も出てくるのです。

ただ、ここで大切なことは、「神通力」なるものが嘘か本当かということではありません。要は「お釈迦さまは大変偉大な方であった」と知っていただくことなのです。

数年前、テレビを見ているとヨーロッパの生物学者の先生がインタビューに答えておられました。

「あなたは、聖母マリアは本当に処女懐胎をしたと思いますか?」

学者さんの答えは以下のようなものでした。

「生物学者としては、処女懐胎はあり得ません。しかし、キリスト教徒としての私は、聖母マリアの処女懐胎は信じて疑いません」

私の眼には人間としてとっても素直な信仰の姿にうつりました。

お釈迦さまの神通力は、手品のように種や仕掛けがあるわけではありません。

しかし不思議なことに、お釈迦さまの「神通力」や「お慈悲」は、私たちの心のなかに「仏性《ぶっしょう》」という「種」を蒔いてくださるものなのです。

「うまいこというやんか!」って?

ハイ、これは私の「タネ」ならぬ「ネタ」でございます。

65 業《ごう》と輪廻《りんね》

私たち人間が日々生み出している「業」、これは簡単にいえば心や体の「行為」のことで、その行為が何かしらの「結果」になるといわれています。

さて、そのような「業」にも「善業」から「悪業」までさまざまなものがありますが、私たちは死後、その業によって「生まれ変わり先」が決まるのです。

それが、かの有名な「六道輪廻《ろくどうりんね》」。これは、六つの迷いの世界のことを指しています。
①天　道…天人の住む世界
②人間道…私たちが今いる世界
③修羅道…阿修羅の住む争いの世界
④畜生道…本能の趣くまま生きる馬や牛などの畜生の世界
⑤餓鬼道…飢えと渇きに苦しむ餓鬼の世界
⑥地獄道…罪を償う刑務所のような場所
こうやって見ていくと、まず、ぶっちぎりで行きたくない場所が地獄です。

しかし、もしも地獄に堕ちてしまっても、観音さまやお地蔵さまが助けに来てくださるといわれていますので、最後のあとの最後まで、信心をもち続けることが大切です。また、「天」はとってもよいところのように見えますが、こちらもやはり「迷いの世界」です。なぜなら、ここは今の日本の国のように、いろいろなものに満たされているため、「危機感」をもてない場所なのです。結果、悟りを求める気持ちが起こらないので魂は成長しません。だからキリスト教の「天国」と違い、仏教の「天」は迷いの世界の一つなのです。

では、六道輪廻のなかで一番よい場所は、いったいどこなのか。

それは、この人間界ではないでしょうか？

人間界にはいろいろな苦しみがあるため、私たちは「悟りを求める心」や「救いを求める心」を起こします。その結果、お釈迦さまに会うことができるわけですから、人間界だけが、仏縁をいただける最大の「チャンスの世界」なのです。

ちなみに、このような「迷い」の世界から脱したときに、私たちが行くのが「極楽」です。「極楽」とは、なんの迷いも苦しみもない、「極めて楽」な世界。

この世の中、ズルをしようと思えばいくらでも「楽」をできる世界です。

しかし、お釈迦さまとご縁をいただいた限りは、世俗的な「楽」を追求せず、正直一途に生きて、ぜひ、「極楽」を目指していきたいものですネ☆

コラム⑩…阿羅漢《あらかん》

現在、私たちはお釈迦さまのことを「シッダールタ」や「釈迦牟尼《しゃかむに》」「釈尊《しゃくそん》」「ブッダ」「世尊《せそん》」など、さまざまな呼び方をしますが、もともと悟りをひらかれたばかりのお釈迦さまは「阿羅漢」と呼ばれていました。

「阿羅漢」とは「尊敬を受けるに値する人」の意味で、お釈迦さまがお生まれになる以前からインドにあった、聖者に対する尊称でした。

これは「仏陀（目覚めた人）」と同じく、大変尊い方に使われる言葉ですが、仏教ではあるときからお釈迦さまを「阿羅漢」とは呼ばないようになったのです。

というのも、はじめ、お釈迦さまは五人の修行者にその法を伝えられました。すると五人は悟りを得て「阿羅漢」になったといいます。仏典には、このときのことを「阿羅漢は六人になった」と書いてありますが、これはお釈迦さまという阿羅漢と、五人の阿羅漢を足して六人ということです。このように、初期のお釈迦さまは「阿羅漢」の一人、また「阿羅漢」の代表者という位置づけだったのです。

しかし、お釈迦さまの教えが広がるにつれて、阿羅漢はどんどん増えていきましたので、お釈迦さまの滅後二百年ぐらいから、ある意味での「差別化」を図るため、人々はお釈迦さまのことを「ブッダ」と呼ぶようになったのです。

そこから、唯一無二の指導者であるお釈迦さまを「ブッダ」と呼び、教団内で悟りをひらいた聖者を「阿羅漢」と呼ぶようになりました。

先日も、とある講演会でこのようなお話をさせていただいたところ、終了後に一人の女性…いえ、ザ・大阪のオバちゃんが話しかけてきてくれました。

「いや〜、私な、今までお寺に行っても、十六羅漢やとか五百羅漢であるから、羅漢てなんやろな〜？　お釈迦さんとはまた違うけどエライ人やねんな〜？　と思うててんけど、今日の話でよおわかったわ！　せやけどな〜マルちゃん！　実は私も阿羅漢なんよ！」

「ええ？　オバちゃんが阿羅漢？　なんでです？」

「なんでって、私、今年で五十九やねん！　な、立派なアラカンやろ？」

どっひゃー!!　「アラサー」落語家の私も、「アラウンド還暦」にはかなわないと思い知らされた瞬間でした。

第5章

涅槃への道

66 お釈迦さまに忍び寄る老いと病い　自灯明《じとうみょう》・法灯明《ほうとうみょう》

「どんな人間にも必ず死は訪れる」――お釈迦さまは、このように避けたくても避けられない「死」を受け入れたうえで一生懸命生きましょう、と力強く説いてこられました。

では、お釈迦さまご自身の「死」は、どのような道を歩んだのでしょうか？

お釈迦さまも生身の人間であったことは、すでに述べてきました。つまり、私たちと同じように、母親の胎内から生まれ出でた以上、肉体があり、寿命があり、日々、さまざまな体調があったのです。

そんなお釈迦さまが肉体的な限界を感じられるようになったのは、いつ頃のことでしょうか？　それは、お釈迦さまが三十五歳で悟りをひらかれてから実に四十五年後、御年《おんとし》八十歳に差しかかった頃であるといわれています。

当時のインドでは、現代の日本人のように平均寿命は長くありませんでしたので、八十歳という年齢だけでもお釈迦さまが超人であることがわかりますが、やはりお釈迦さまといえども、不老不死ではなかったのです。

お釈迦さまがご自分の死期を意識しはじめた頃、同じく側近のお弟子さんたちはお釈迦さまの体調を案じはじめていました。

なかでも多聞第一といわれたアーナンダさんは、お釈迦さま亡きあと、自分はどのように修行をしていけばよいのか、考えるだけで不安でいっぱいでした。

なぜなら、このとき、十大弟子のなかでアーナンダさんだけがまだ悟っていなかったからです。そこでお釈迦さまが説かれた教えがあります。

それが「自灯明、法灯明」でした。これは「他者に頼ることなく、自己を拠り所とし、法を拠り所として生きよ」という教えです。

「自己」と「仏法」を拠り所とする、ということですが、なぜ何よりも大切な「法」よりも「自己」が先にくるのでしょうか。

これは、己のなかにこそ悟りをひらく種、つまり仏性があるので、まずは自分の心をしっかりと調え、鍛え、そして仏法に生きなさい、ということなのです。

誰がどうあがいても、自分の主は自分です。自分という器のなかで、仏になれる種を育てていかねばならないのです。お釈迦さまの目標は、ただただ私たち生きとし生ける命を導くことでした。この章では、お釈迦さまが最期の瞬間まで、私たちをいかに導かれようとしたのか、見ていきましょう。

67　沈黙のアーナンダ

お釈迦さまの死期が近づいた頃、アーナンダさんはなかなか修行に打ち込めない日々が続いていました。というのも、いくら集中しようとしても、どうしてもお釈迦さまのお話が右から左になってしまい、その言葉の意味が理解できなかったのです。

そんなアーナンダさんに、お釈迦さまはこのようなことをいわれました。

「私は、寿命を自由自在にできる」

「?」

「私は、寿命を自由自在にできる」

「??」

「私は、寿命を自由自在にできる」

「???」

お釈迦さまは三度同じことをいわれましたが、アーナンダさんにはその意味がわかりませんでした。そのためアーナンダさんは、ただただ沈黙するしかなかったのです。

ここで、普通の師弟関係でしたら「仏の顔も三度まで」と、師匠は弟子を見捨ててしまうことでしょう。しかし、あれはあくまでも諺で、お釈迦さまは「アーナンダは修行を怠っている」と疑うのではなく、「背後に何かあるのではないか」とピンときたのです。

そこで神通力をはたらかせたお釈迦さま。その目に飛び込んできたものは、アーナンダさんの耳元にとりつくパーピーヤス（波旬《はじゅん》）という名の魔王の姿でした。

そう、魔王はお釈迦さまの言葉を妨害し、アーナンダさんに真理が伝わらないように邪魔をしていたのです。

魔王の存在に気づいたお釈迦さまは、アーナンダさんにいいました。

「アーナンダよ、少し私をひとりにさせてくれないか？　お前は修行を怠らないように」

席を外すよう促されたアーナンダさんは、いわれたとおりその場を離れました。

お釈迦さまは知っていました。魔王の本当の目的は、弟子アーナンダではなく自分であるということを…。

では、四十五年前、お釈迦さまが悟りをひらかれる際に邪魔をしに来た魔王が、齢八十となられたお釈迦さまにいったいどんな用事があるというのでしょうか…？

お釈迦さまと魔王。ついに、「正と負」「善と悪」ともいえる〝因縁の二人〟の〝最後の対話〟が始まったのでした。

68　悪魔のささやき

「ブッダよ、久しぶりであるな」

まるで旧友であるかのように、魔王はお釈迦さまに話しかけました。

「ブッダよ、覚えているか？　四十五年前のことを…。

お前がブッダガヤーで悟りをひらいたとき、お前は私と約束をしたな。

お前は、お前の願いが果たされたとき、この世を去るといった。

四十五年という月日が流れた今、お前の弟子たちは悟りをひらき、お前の教えは世界中へと広まりつつある。

さあ、ブッダよ。もうよいではないか。潔くこの世を去ったらどうだ？」

すると、お釈迦さまは答えられました。

「魔王よ、私は嘘をつきません。なぜなら、命あるものはいつか必ず死ぬからです。どんどんと衰えゆく私の肉体は、あなたにいわれなくとも滅びていくでしょう」

ニヤリとほくそ笑んだ魔王。

「ではブッダよ、どうか速やかにお亡くなりになられよ。さあ、この世にもう未練はなかろう」

この声を聞いたお釈迦さま、その半眼はカーッと見開かれました。

「魔王よ！　立ち去るがよい！　私はこれから完全なる真理の世界へと赴く！　そして涅槃に入るのである！」

「涅槃に入る」とは、お釈迦さまがお亡くなりになること…。

驚く魔王に、さらにお釈迦さまは続けられました。

「私がこの世を去る。それは、今から三カ月後のことだ」

これを聞いた魔王、その威厳に打たれたのか、たちまちのうちに退散していきました。

四十五年ぶりの因縁の対決でしたが、やはり、お釈迦さまという「光」は魔王の「闇」を打ち破ったのでした。

魔王に「三カ月後」を告げたお釈迦さま。

これを機に、いよいよ「涅槃」への準備が始まったのです。

69 大地震と涅槃の宣言

お釈迦さまが魔王に「涅槃」の宣言をしてからしばらくたつと、それはそれは巨大な地震が起こりました。これは、仏教経典のなかではよく見られる現象で、「お釈迦さまが大切なお話をされる」というときには、必ず「天からたくさんの花が降ってくる」とか、「地面から巨大な仏塔が出現する」という、「天変地異が起こる」ことになっているのです。つまり、「大きな地震」は「お釈迦さまのお告げの予兆」を意味するのでした。

尋常でない揺れに、人々は急いでお釈迦さまのもとへと向かいました。すると、お釈迦さまは大変穏やかな顔でお話しされたのです。

「すべてのものごとは常に変わりゆくものです。そのようなものに執着しようとするために、私たちは苦しみを覚えます。私はこれから三カ月後に涅槃に入ります。あなたたちは私の死後も変わりなく精進しなさい」

この言葉に人々はどよめきました。

「お釈迦さまがお亡くなりになられるだと⁉ では、まだ悟りをひらいていない私たちはどうすればよいのだ⁉」

「お釈迦さま、どうか、お願いです。お釈迦さまがおられなければ、まだまだ苦しんでいる世の中の人々は救われません！」

お弟子さん、信者さん、ありとあらゆる人がお釈迦さまに懇願しました。

多くの人々の取り乱す姿。それでも、お釈迦さまは決して涅槃に入られる宣言を取り消されることはありませんでした。そう、そこにはお釈迦さまなりのお考えがあったのです。

しかし、人々はまだそのことを知りませんでした。

大きな地震が起こり、お釈迦さまから涅槃の宣言を受けた人々。お釈迦さまはわが子のように想う人々の表情を見ながら、それはそれはいろいろな思いを巡らせたことだろうと思います。

それにしても、お釈迦さまの天変地異というと実にさまざまなパターンがありますが、なぜ今回の「涅槃の宣言」は「大地震」だったのでしょうか？

それはきっと、お釈迦さまの最後のお慈悲であったのではないかと、私は推測しています。

なぜかって？　だって、大地は揺れても、お釈迦さまを信じる人々には「揺るがない信仰心」があります。その揺るがない信仰心さえあれば、どんな苦難も乗り越えていける──お釈迦さまは可愛いわが子たちに、私たちに、そういいたかったのではないでしょうか？

70　驚愕し懇願するアーナンダ

「お釈迦さまが三カ月後に入滅される」—このことに動揺を隠せなかったのは、愛弟子・アーナンダさんも例外ではありませんでした。むしろ、アーナンダさんが誰よりもそのことに驚愕し、心乱したかもしれません。アーナンダさんはお釈迦さまに懇願しました。

「お釈迦さま、どうかお願いでございます。入滅なさるなど、お考えをあらためてはくださいませんか。お釈迦さま、あなたは私に『ブッダは寿命を自在にできる』といわれました。それなのに、なぜ入滅するなどと予告をされたのでしょう？　どうか考え直してください！」

お釈迦さまはアーナンダさんの気持ちを十二分に汲み取ったうえで、優しくおっしゃいました。

「アーナンダよ、愛する者と別れることはつらい。しかしそれは生きている限り避けては通れないことなのだよ」

アーナンダさんは打ちひしがれました。愛する者との別れ、師との別れ…考えただけでも、アーナンダさんは目の前が真っ暗になってしまったことでしょう。

それから、雨季が終わり、夏がやってきました。そこで一行は移動を始めたのです。お釈迦さまは、ずっと昔から雨季に移動することをよしとしませんでした。なぜなら、雨季に移動をすると、水たまりにいるような微生物を踏んで殺してしまう可能性があるため、お釈迦さまの一行は毎年、雨季には一定の場所にとどまり、雨季があけると移動をするという形で布教を続けていたのです。

一行はバイシャーリーの地をあとにしました。そしていよいよ、お釈迦さま最後の行脚《あんぎゃ》が始まったのです。向かった先はお釈迦さまの故郷でした。ゆっくりと歩みを進めていくと、三カ月後、到着したのはクシナガラの地でした。そこでは、たくさんの人がお釈迦さまのご到着を待ちわびていました。

なかでも大喜びだったのが、信仰熱心であった鍛冶屋のチュンダで、彼はお釈迦さまに「どうか私の所有する果樹園で説法をなさってください」と申し出ました。チュンダの果樹園で説法をされることになったお釈迦さま。そこでもう一つ、チュンダはお釈迦さまに供養の申し出をすることにしました。

しかし、そのチュンダの申し出がお釈迦さまの最期を左右しようとは、そのときはまだ誰も知らなかったのです……！

71　チュンダのキノコ

鍛冶屋のチュンダはいいました。

「お釈迦さま、このたびはせっかくお越しいただきましたので、どうかお弟子さんがたも一緒に、私から食事の供養をさせていただきたく存じます」

お釈迦さまはこれを快諾されました。お釈迦さまに食事を差し上げることができる。夢のような展開に、チュンダは大喜びで帰路につきました。

そして早速、料理人たちに最高の料理を作るよう命じたのです。

料理人はその日、立派なキノコがあったため、お釈迦さまをキノコ料理でおもてなしをしようと考えました。しかし、なんということでしょう。実はこのキノコのなかには毒キノコが混入していたのです。そんなことは誰一人知らず、料理は続けられました。

毒キノコの存在に最初に気づいた人がいました。それはなにを隠そう、お釈迦さまでした。お釈迦さまはチュンダから差し出された料理を見た瞬間、神通力をもって毒キノコが混入していることを察知されたのです。

お釈迦さまは一瞬、戸惑いました。それでも、チュンダの供養を無駄にしてはいけないと、キノコを召し上がられたのです。食事が終わると、お釈迦さまはチュンダに礼をいい、旅立たれました。すると、お釈迦さまに食事を供養できて感無量のチュンダの耳に、使用人のヒソヒソ話が聞こえてきたのです。

「それにしても、お釈迦さまという方は食い意地が張ってるな。お弟子さんの分まで一人でペロリと食べてしまったぞ」

信心深かったチュンダは使用人をたしなめました。そこでふとチュンダは台所を見ると、そこにはお釈迦さまにお出ししたものと同じキノコ料理がありました。

「どれどれ、私も味見を…」と口に入れると、チュンダはたちまちのうちにお腹をこわしてしまいました。

「こ、これは毒キノコではないか⁉」

その場は騒然となりました。そしてチュンダは気がついたのです。

「ま、まさかお釈迦さまはこれが毒キノコであると知っていて、弟子に食べさせてはいけないと思い、それでお一人ですべて召し上がられたのでは…‼」

そう気がついたときには時すでに遅し。チュンダは悔やんでも悔やんでも、悔やみきれないのでした。

72 お釈迦さまが激しい腹痛にみまわれる

チュンダが毒キノコだと気がついたその頃、お釈迦さまはやはりお腹をこわし、静養を余儀なくされていました。看病をしていたアーナンダさんは、不思議に思いました。

「お釈迦さまが急に倒れられるとは…ハッ！　もしかしたら、あのキノコ料理が原因ではないだろうか？　日頃のお釈迦さまであれば、弟子の分まで食事を召し上がられるなどということは、とうていありえない。ということは、あのキノコが毒キノコだと気づかれて、私たち弟子の体を守るために一人で召し上がられたのでは……！」

すると、お釈迦さまはいわれました。

「アーナンダよ、お前の想像のとおりである。しかし、チュンダを責めてはならない」

「しかしお釈迦さま、なぜ毒キノコとわかりながら召し上がられたのですか？」

「チュンダは最大の供養をしただけだ。私への供養、それは大きな功徳である。だからチュンダを責めてはならない」

お釈迦さまのどこまでも慈悲深いお姿に、アーナンダさんはただただ平身低頭するばかりでした。その後、チュンダが急いで派遣した医師もお釈迦さまのもとへと駆けつけましたが、医師はなぜかお釈迦さまのそのお顔を見るなり、飛んで帰って行きました。もしかすると、このときのお釈迦さまには、「私は自然の摂理に身を任せるのだ」という強い意志があったのかもしれません。そして、それを感じ取った医師は、治療を断念せざるを得なかったのではないでしょうか。どんな「医師」でもお釈迦さまの「意志」にはかなわなかった、というワケですね。

それから、お釈迦さまとアーナンダさんは旅を続けました。

照りつける太陽、打ちつけるような雨、飛ばされそうな風のなか、ひたすら前へと進んでいきました。そして、お釈迦さまの体力は次第に奪われていったのです。

伝記によれば、この頃のお釈迦さまは、何度も水を求めたといわれています。これは腹痛と下痢からくる脱水症状であることはあきらかで、そのためアーナンダさんは水を探し回ることになりました。しかし、いくら探せども汚い川ばかりで、とてもお釈迦さまに飲んでいただけるような衛生的な水はありませんでした。

ところがあるとき、諸天善神の恵みか、アーナンダさんは清らかな川の水を手に入れることができ、無事、お釈迦さまは喉を潤すことができたのです。体力が奪われ、衰えゆくお釈迦さま。そこで、いよいよお釈迦さまは愛弟子に〝死支度〟を頼むのでした。

73　お釈迦さまの死支度

お釈迦さまはご自身のまもなくの入滅を示されると、アーナンダさんに告げました。

「アーナンダよ、私が入滅したのちは、四つの聖地を巡礼しなさい」

その四つの聖地とは、お釈迦さまが誕生されてから亡くなられるまでの軌跡をたどるものでした。
一、お釈迦さまがお生まれになった「生誕の地」、ルンビニー。
二、お釈迦さまが悟りをひらかれた「成道の地」、ブッダガヤー。
三、お釈迦さまが初めて説法をされた「初転法輪の地」、サールナート。
四、お釈迦さまが今まさにその命を終えられようとしている「入滅の地」、クシナガラ。
この四カ所を巡礼礼拝するように、いわれたのです。

そこで、アーナンダさんは悲しみの渦中にありましたが、弟子としての役目を果たすため、お釈迦さまにお尋ねしました。

「お釈迦さまが入滅されたのちは、どのように葬儀を執り行えばよいのでしょうか？」

このような質問ができたのは、アーンダさんがお釈迦さまの「死」を冷静に、そして現実的に受け入れられたことに他なりません。

愛する者の死を嘆き悲しむことから一歩前へ進むことができた愛弟子に、お釈迦さまはいわれました。

「アーナンダよ、私の葬儀は在家信者の役割である。私の葬儀はすべて在家信者に任せ、出家信者はひたすら修行に打ち込むのです」

お弟子さんたちが悟りをひらくこと―ただひたすらこの思いをもち続けてきたお釈迦さまでしたが、その願いはご自分の「死」に対する思いよりも強かったのです。

あらためて、お釈迦さまというお方は、なんというお方なのでしょうか。

お釈迦さまは、さらに続けられました。

「アーナンダよ、お前は私の身のまわりの世話を大変よくしてくれた。その功徳によって、お前はのちに必ず悟りの境地に到るであろう」

アーナンダさんは師の言葉を胸に刻み込みました。

その後、お釈迦さまは、具体的に葬儀の仕方を示されました。

葬儀は「火葬」にすること、遺骨はどうしたらよいのか、供養の仕方など、多聞第一のアーナンダさんは一言一句、聞き漏らすことはありませんでした。

74　沙羅双樹のもとに「北枕」で横たわる

体調がすぐれないなか、クシナガラの地を歩まれるお釈迦さま。

このとき、道行く信者さんから金色の絹衣を寄進されたため、お釈迦さまはそれを身にまとわれました。すると、たちまちのうちに絹の金色はあせ、お釈迦さまの肌が金色に輝きはじめたのです。驚くアーナンダさんにお釈迦さまはいわれました。

「アーナンダよ、私の体が金色に輝くのは、私が悟りをひらいたとき以来だ。これは、私がいよいよ涅槃に入る知らせである。今夜半、私は涅槃に入る。人々にそのことを告げてくるのです」

さらに、お釈迦さまは少しお疲れになったのか、アーナンダさんに頼みました。

「アーナンダよ、私を二本の沙羅樹の間に寝かせておくれ。そして頭を北向きにしてほしいのだ」

アーナンダさんはいわれたとおりに、二本の沙羅樹の間に金色のブッダを横たえました。横たわるブッダを見守る一対の沙羅の樹。そう、このとき「沙羅樹」は「沙羅双樹」とも呼ばれるようになったのです。

ではなぜ、お釈迦さまは頭を北向きにするよう指示されたのでしょうか。

実はこれには諸説ありますが、頭を北向きにすることは、非常に現実的な「療法」であったと考えられています。

というのも、昔から「頭寒足熱」といわれるように、頭には熱をもたさず、足元を温めることは健康によいこととされてきました。

そこでお釈迦さまは、頭を北向きにし、足を南向きにすることによって、自然の力を借りて「頭寒足熱」の状態をとられたのです。

最終的にはこの体勢のままお釈迦さまは涅槃に入られたため、今では「北枕」が「死」のイメージとなってしまっていますが、もともとは健康によい寝方として北枕にされていただけなので、私たちは決して「北枕」を忌避することはないのです。

お釈迦さまを優しく見守る沙羅双樹。

「堅固」の意味をもつその樹は、お釈迦さまの永遠に続く堅固な願いを象徴するかのようでありました。

またその反面、咲き乱れる白い花は、命あるもののはかなさ、また世の無常さを、生きとし生けるものに語りかけていたのです。

75　ウパマーナを退去させる

アーナンダさんからの知らせを受けた人々は、次々と、横たわるお釈迦さまのもとへと集いはじめました。そのなかに、ウパマーナ（優波摩那《うはまな》、ウパヴァーナともいう）というお弟子さんがいました。彼はお釈迦さまから実に多くの「苦」の教えを学んだ修行者であり、お釈迦さまへの尊敬の念には、並々ならぬものがありました。

そこでウパマーナさんは、お釈迦さまの体が少しでも安らぐようにと、団扇でゆっくりとあおぎはじめたのです。

するとお釈迦さまがいわれました。

「ウパマーナよ、あおぐのをやめなさい。そこを退くのです」

暑いなか、団扇であおいでもらえば、いくぶんと体も楽になりそうなものですが、お釈迦さまはなぜ、このようなことをいわれたのでしょうか？

ウパマーナさんには、お釈迦さまに褒めていただきたいとか、そんな邪な気持ちは微塵もありませんでした。ただただ師を想う気持ちから出た行いでした。

それなのに、なぜ退くようにいわれたのか…。その場にいたアーナンダさんはいてもたってもいられず、思わずお釈迦さまにお聞きしたのです。

「お釈迦さま、なぜそのようなことをおっしゃるのですか」

するとその答えは、思いもよらないものでした。

「今、私が入滅するにあたり、ありとあらゆる神霊たちがここへ集まっている。教えを聞こうとしている者、髪の毛をかきむしり嘆き悲しむ者、数えきれないほどの多くの神霊が所せましと集まり、私の姿を見ようとしているのだ。そこへ、ウパマーナのような修行を積んだ者が前へ立ちはだかったのでは、集まってきた神霊たちは私の姿を見ることができなくなってしまうであろう。だから私はウパマーナに退くよう命じたのだ」

まさか、そのような理由があったとは…。やはり、お釈迦さまは何もかも超越されたお方だと、あらためてわかるエピソードでした。

それにしても、団扇をあおぐことを禁じられたウパマーナさんの身になると、ほんの少し可哀想な気もしますが、それしきのことでヘコむようなウパマーナさんではありません。むしろ彼は、弟子として自分の気持ちを再確認したのではないでしょうか？

団扇であおぐことを禁じられても、師をあおぐ気持ちは永遠だ！ということを。

76　スバドラ長老

お釈迦さまのまもなくの入滅に駆けつけた人のなかに、スバドラ（須跋陀羅《すばだら》、スバッダともいう）という名の百二十歳の長老がいました。遍歴行者をしていたバラモンのスバドラさんは、ある夜、人々が苦しみ、大地が怒り狂う恐ろしい夢を見ました。そして、その夢から目覚めると、「お釈迦さまが今夜半に入滅される」という話を耳にしたのです。

そこで彼はお釈迦さまのもとへと急ぐと、アーナンダさんに頼み込みました。

「どうかお願いです。私はどうしてもお釈迦さまに〝教え〟についてお尋ねしたいのです」

アーナンダさんはお釈迦さまの容態を考え、その願い出を断りましたが、スバドラさんは一歩も引こうとはしませんでした。そこで、お釈迦さまはいわれました。

「アーナンダよ、スバドラを通しなさい。話を聞こうではないか」

お釈迦さまの前へ通されたスバドラは、お尋ねしました。

「お釈迦さま、私は過去、あらゆる宗教者から教えを受けてきました。その彼らが〝教え〟としていたものは、何を根拠にいっているものだったのでしょう？」

するとお釈迦さまはお答えになられました。

「スバドラよ、そのようなことに思いを煩わせる必要はない。私が真の〝教え〟をお前に授けよう」

そこから、お釈迦さまは生・老・病・死の「苦」にはじまる「執着」を説かれ、その執着から離れることが苦から解放される道であると示されました。そして、八正道を説かれたのです。その教えに感激し、お釈迦さまに帰依したスバドラさんは、ここでお釈迦さま最後の弟子となりました。そしてその日のうちに悟りをひらいたのです。

百二十歳で最後の弟子となり、悟りをひらいたスバドラさん。一説には、お釈迦さまが涅槃に入られることに耐え切れず、先に自分が涅槃に入ったとも伝えられています。

いずれにしても、お釈迦さまの死の間際に百二十歳の老人が弟子となり、悟りをひらいたということは、人間はその死の間際まで、それぞれの使命を果たすことができるという大きな希望に他なりません。

最後の最後まで、私たちという命には希望があります。

だから、あきらめず、恐れずに、力強く最後まで生きる。それこそが、私たちの尊い使命なのかもしれません。

77 命尽きても永遠なるもの　臨終の言葉

最期のときがきました。

お釈迦さまはお弟子さんを集め、今後の教団の在り方についてお話をされました。

「私の滅後、私の〝教え〟とその〝戒律〟がお前たちの師となるであろう。教えとは〝法〟である。戒とは〝修行者の守るべき行動の規範〟である。律とは〝教団を維持するための規律〟である」

こう説かれたのです。そして、弟子と未だ見ぬ未来の人々を思い、三度聞かれました。

「最後に何か聞いておくことはないか。後に困ることのないよう、今しっかりと尋ねておきなさい」

しかし、お弟子さんたちのなかに質問をするものはありませんでした。

なぜなら、お釈迦さまのもとでしっかりと修行をしてきたお弟子さんたちは、己がなすべき使命をすでに心得ていたため、何かお尋ねをする必要すらなかったのです。

そこで、アーナンダさんは申し上げました。

「お釈迦さま、私は師の入滅に際し、これだけ多くの修行者たちが集まったことに今、大変感激しております。師のことについて、その法について、あらゆることについて、私たちはもう何も疑問はありません。疑う余地もありません」

愛弟子からの心強い言葉。お釈迦さまは、「よし」といわんばかりに、いわれました。

「すべてのものは滅びゆくものです。怠ることなく、精進していきなさい」

これが、お釈迦さまの最期の言葉となりました。

私たちは、ひとつの命が終えることを「息を引き取る」といいます。「オギャー」と産声を上げてから、命尽きるその日まで、私たちはあらゆる場所で、あらゆる人と、息を交わし、息を合わし、生きます。「息を引き取る」とは、亡くなった方が生きてきた証の「息」を、残された人たちが「引き取る」ことではないでしょうか。

二千五百年もの昔、お釈迦さまの「息」を引き継いだお弟子さんたちは、布教を続け、多くの苦しむ人々を救ってきました。そしてこれからも、私たち今を生きる仏教徒が、後の世の人々へとその「息」を引き継いでいくのです。

この世の中で永遠にたったひとつ滅びないもの。それが「仏法」なのです。

78 入涅槃

お釈迦さまが息を引き取られると、大地は唸りをあげました。またもや大地震が起き、雷鳴が轟いたのです。

ジッと見守る多くの人々…いえ、人だけではありません、動物たちも合掌礼拝するかのように、そこへ集まりました。

また、お釈迦さまを見守っていた沙羅樹も、その入滅を悲しんだといいます。

というのも、このときお釈迦さまの四辺には、一双ずつ八本の沙羅樹がありましたが、その半分が枯れてしまったというのです。しかし、もう半分は決して枯れることはありませんでした。

そう、沙羅樹はその栄枯をもって、「ブッダの肉体は滅びようとも、その教えは栄え続ける」と物語ったのです。

このように、生きとし生けるものすべてが、お釈迦さまの涅槃を見届けました。

その夜、お弟子さんたちは静かに語らいました。

すると、「天眼第一」の弟子・アニルッダ（阿那律）さんがアーナンダさんに頼んだのです。

「アーナンダよ、マッラ族のところへ行ってはくれぬか?」

アニルッダさんは、お釈迦さまが入滅の前に、「葬儀は在家信者が執り行い、出家修行者は修行に励むように」といわれたことに従い、マッラ族にその役を任せたいと考えたのでした。アーナンダさんはマッラ族のもとへと向かいました。そして、お釈迦さまの入滅を告げると、マッラ族の人々は大変に嘆き悲しみましたが、在家信者として葬儀を全うするため、彼らは沙羅樹林へ急いだのです。

到着すると、マッラ族ははじめにお釈迦さまの遺体を綺麗な布で包みました。そして遺体を棺に入れると、棺を香木の上に置き、天幕を張り、お香を焚《た》いて、美しい花を飾り、音楽で供養したのでした。

伝説では、このとき忉利天においてブッダ入滅の知らせを聞いた産みの母・マーヤーさんは、いてもたってもいられず、人間界へと降りてきて、お釈迦さまの鉢と錫杖《しゃくじょう》を持って泣いたといわれています。するとお釈迦さまは、神通力をもって棺の蓋を開け、母に「無常」の理を説き、それが終わると再び自ら棺の蓋を閉めたといわれているのです。

涅槃に入られたお釈迦さま。六日後、遺体は荼毘《だび》にふされることとなりました。

79　七日間の供養

お釈迦さまの遺体は、クシナガラにあるマクタバンダナに運ばれました。ここは、マッラ族が王位継承の戴冠式を行う聖なる場所。ここでお釈迦さまは火葬されることになったのです。

しかし不思議なことに、マッラ族の四人がその棺にいくら火をつけようとしても、決して火がつくことはありませんでした。

その数日前のことです。

別の伝道の地で、弟子のマハーカーシャパ（摩訶迦葉）さんと五百人の修行者たちは、お釈迦さまが涅槃に入られたことを知りました。

そこで深く悲しんだマハーカーシャパさんは、クシナガラへと急いだのです。

一行がマクタバンダナへ到着したのは、入滅から七日目のことでした。

ここでマハーカーシャパさんが遺体に礼拝すると、たちまちのうちに棺に火がつき、遺体は燃え上がり、お骨だけが残ったのでした。

それから遺骨はクシナガラで安置され、槍の垣に弓の柵を張りめぐらせ、お香、お花、音楽をもって七日間のあいだ、供養されました。

一連の葬儀の仕方は、お釈迦さまの遺言によるものでした。

というのも、これはお釈迦さまが涅槃に予告をされたときに、アーナンダさんが葬儀の仕方についてお尋ねしたことに由来します。

そのときお釈迦さまは、「私の葬儀は転輪聖王と同じ方法で供養しなさい」といわれたのです。

「転輪聖王」――これは、お釈迦さまがお生まれになる前に、仙人の予言に登場したキーワードです。あのとき仙人はいいました。

「生まれてくる子は、王となれば世界を統治する転輪聖王になる。また、出家すればブッダとなるであろう」

あの予言から八十年。生まれた子は出家し、悟りをひらき、ブッダとなりました。

そして、そのブッダとなられた方が、転輪聖王と同じ葬儀の仕方で供養されたということは、お釈迦さまがいかに偉大な方であったのかを物語っているのです。

こうして、七日間の供養は終わりました。

80 仏舎利を八分して仏塔を造り供養する

お釈迦さまの遺体が荼毘にふされると、その遺骨について話し合いがもたれることになりました。

というのも、お釈迦さまと深いご縁をいただいていたシャカ族、コーリヤ族、マガダ国などの部族が、お釈迦さまの遺骨、つまり「仏舎利《ぶっしゃり》」（舎利は、「身体」を意味するサンスクリット（梵語）「シャリーラ」の音写で、後に「遺骨」の意味にもなった）を分けてほしい、とマッラ族へ申し出たのです。

しかしマッラ族は、はじめのうち、この申し出を断りました。

マッラ族はこう主張したのです。

「お釈迦さまは、私たちの縄張りのなかで入滅されたのだ。だから、他の部族に遺骨を分けるわけにはいかない」

しかし、お釈迦さまは生きとし生けるもの、みんなの魂の指導者です。やはり、独り占めはいけません。そこで仲裁に入ったのが、ドローナという名のバラモンでした。彼の説得のおかげで、遺骨は最終的に八つの部族に分けられることになりました。

また、この話し合いにモーリヤ族が遅れてきましたが、仏舎利のかわりに火葬の灰をいただいたと伝えられています。

八つの部族はそれぞれ仏舎利を持って帰ると、ストゥーパといわれる「仏塔」を建て、供養することになりました。

これより二百年後、アショーカ王によって、これらの仏塔から仏舎利が取り出され、再び供養されることになり、その数は八万四千になりました。そこから、仏舎利が世界にも広がっていったといわれています。

仏教では、お釈迦さまの「教え」が何よりも大切なことに変わりはありませんが、焼け残った遺骨は、残された仏教徒たちの心の拠り所ともなったのです。

聖なる仏舎利。現在では、日本各地にも存在しますが、もしあのときマッラ族が独り占めをしていたら、今、私たちが拝ませていただくことは非常に困難であったと思います。

そう考えると、マッラ族を説得してくれたバラモンのドローナさんには感謝せずにはいられません。

ここでぜひ、この場を借りて、ドローナさんに御礼を申し上げたいと思います。

「ドローナさん、仏舎利をドローにしてくれて、まことにありがとうございました！」

あとがき

「次の本は、お釈迦さまの生涯の話でどうですか？」

受話器の向こうから聞こえてきたニコニコ声に、私は思わず心のなかでツッコミを入れました。

「（いやいや、「どうですか？」って、簡単にいわはるけど…！）」

それは、三年前に『法華経が好き！』（春秋社）の編集を担当してくださった桑村正純氏からの電話でした。

しかし私はこのとき、とても自分勝手な理由でこのご依頼を受けることにしたのです。

「よし！　これで否応なしにお釈迦さまの生涯を勉強し直せる！」

怠け者の私は、なにか締め切りがないと、ついつい先延ばしにしてしまう性格です。

ここ数年、お坊さんとして仏教の勉強をしなければいけないにもかかわらず、どうしても日々の仕事に追われ、なかなか仏教書を開けない毎日が続いていました。

しかし、仕事となれば話は別です。

前回の『法華経が好き！』では、書かせていただいたからこそ、わかったことがたくさんありました。

そこで、「今回もきっと良い勉強の機会になるのではないか」と思ったのです。そこで、ふたつ返事でＯＫし、早速、執筆を開始しました。

実際に書きはじめてみると、自分自身の面白い変化に気がつくことができました。


私が仏教の勉強を始めたのは高校生の頃でしたが、当時は高校の授業そっちのけで、仏教書やお釈迦さまの生涯に関する本を読み漁っていました。

しかし今回、あらためてお釈迦さまの生涯を勉強してみると、高校生のときには気にも留めなかったようなエピソードが、一つひとつ胸に響くようになっていました。

そう、あれから十五年たった私は、私生活では結婚し、母となりました。

だからこそ、「子」としてのお釈迦さまの気持ち、「親」としてのお釈迦さまの気持ち、「配偶者」としてのお釈迦さまの気持ち…という、さまざまな立場でのお釈迦さまの考えと行動が、まるでわがことのように、リアルに感じとられたのです。

まさか、こういう学び方、感じ方があるとは思いもよりませんでした。

私たちは長い長い人生のなかで、経験を重ねながら、何度でもお釈迦さまの生涯という教えを味わえるのだと知ったのです。

そう思うと、三十路を迎え、お肌のハリがすこ〜しだけ気になってきた私も、年を重ねることが楽しみになってきました。

普段はベタベタ（？）の大阪弁で喋っている私ですが、本書では、ちょっと〝ええかっこ〟して、標準語での執筆を心がけました。そしてもう一つ。お釈迦さまのことを伝えるインドの文献には、サンスクリット（梵語）で書かれたものと、パーリ語で書かれたものがありますが、この本では、地名や人名などのカタカナ表記は主にサンスクリットのものを用いました。

さあ、落語家兼尼さんによる前代未聞の『お釈迦さま物語』、いかがでしたでしょうか？

私自身は書き終えた今、ますますお釈迦さまが大好きになりました！

最後に、本書の執筆依頼と編集の労をとっていただいた春秋社編集部の桑村正純氏と、法務ご多忙のなか添削をしていただいた比叡山雙厳院住職・福恵善高師に厚く御礼を申し上げ、「あとがき」にかえさせていただきます。

平成二十九年二月八日

露の団姫

【著者紹介】

露の団姫（つゆのまるこ）

1986年生まれ。高校卒業を機に「究極のひとり芝居」である噺家になるため、2005年、露の団四郎に入門。同年、大師匠にあたる2代目露の五郎兵衛宅に住み込み、内弟子修行を始める。2008年、落語修業を終えて、大阪の繁昌亭はじめ寄席・テレビ・ラジオなどでも活躍。2011年、第六回・繁昌亭輝き賞を最年少で受賞。その一方で、15歳のとき、「生と死」の問題から「法華経」に出会い、感銘を受ける。2011年、法華経を世に広めるため天台宗で出家。2012年に比叡山行院での修行を行い、正式に天台宗の僧侶となる。現在は落語家兼尼僧として活躍中。「一隅を照らす運動広報大使」も務める。著書には『法華経が好き！』（春秋社）、『プロの尼さん—落語家・まるこの仏道修行』（新潮新書）、『露の団姫の仏教いろは寄席』（佼成出版社）などがある。

露の団姫公式ホームページ　http://www.tuyunomaruko.com/

団姫流 **お釈迦さま物語**

2017年3月27日　第1刷発行

著　　者	露の団姫
発 行 者	澤畑吉和
発 行 所	株式会社 春秋社 〒101-0021　東京都千代田区外神田2-18-6 電話　03-3255-9611（営業） 　　　03-3255-9614（編集） 振替　00180-6-24861 http://www.shunjusha.co.jp/
装 幀 者	河村　誠
印刷・製本	萩原印刷株式会社

ISBN978-4-393-13595-2　　定価はカバー等に表示してあります